일상생활 일본 여행 회화 365

TRAVEL JAPANESE

여행에서 쓸 수 있는 기본 표현

여행을 할 때 그 나라 말을 조금이라도 익히고 가면 거기에서의 여행은 더욱 소중한 추억을 제공할 것입니다. 그 나라의 인사말 정도만 알아도 상대는 미소를 띠며 기꺼이 대화에 응해줄 것입니다. 우선 여행을 가기 전에 본서에 있는 짧고 간단한 표현은 반드시 암기해 두십시오. 그리고 외국에 가서 용기를 내어 외국인에게 직접 말을 걸어 보십시오. 분명히 여행은 한층 더 즐거워질 것입니다.

★ 안녕하세요. (아침)
おはよう。
오하요-

★ 안녕하세요. (낮)
こんにちは。
곤니찌와

★ 안녕하세요. (밤)
こんばんは。
곰방와

★ 안녕히 가(계)세요.
さようなら。
사요-나라

★ 안녕히 주무세요.
おやすみなさい。
오야스미나사이

★ 내일 봅시다.
また明日。
마따 아시따

★ 감사합니다.
ありがとう。
아리가또-

★ 예. / 아니오.
はい。/ いいえ。
하이 / 이-에

★ 미안합니다.
ごめんなさい。
고멘나사이

★ 천만에요.
どういたしまして。
도-이따시마시떼

★ 실례합니다.
失礼します。
시쯔레-시마스

★ 괜찮습니까?
大丈夫ですか。
다이죠-부데스까

★ 괜찮습니다.
大丈夫です。
다이죠-부데스

★ 일본어는 모릅니다.
日本語はわかりません。
니홍고와 와까리마셍

★ ~은 어디입니까?
~はどこですか。
와 도꼬데스까

★ 이걸 주세요.
これをください。
고레오 구다사이

★ 얼마입니까?
いくらですか。
이꾸라데스까

일상생활 일본 여행회화 365

저 자 이원준
발행인 고본화
발 행 탑메이드북
교재 제작·공급처 반석출판사
2024년 9월 10일 개정 7쇄 인쇄
2024년 9월 15일 개정 7쇄 발행
반석출판사 | www.bansok.co.kr
이메일 | bansok@bansok.co.kr
블로그 | blog.naver.com/bansokbooks

07547 서울시 강서구 양천로 583, B동 1007호
(서울시 강서구 염창동 240-21번지 우림블루나인 비즈니스센터 B동 1007호)
대표전화 02) 2093-3399   팩 스 02) 2093-3393
출 판 부 02) 2093-3395   영업부 02) 2093-3396
등록번호 제315-2008-000033호

ISBN 978-89-7172-957-1 (13730)

무조건
따라하면
통하는

일상생활
일본
여행
회화
365

머리말

단체로 일본여행을 가면 현지 사정에 밝은 가이드가 안내와 통역을 해주기 때문에 말이 통하지 않아 생기는 불편함은 그다지 크지 않을 수 있습니다. 하지만, 일본인을 직접 만나서 대화를 하거나 물건을 구입할 때 등에는 회화가 절대적으로 필요하며, 여행지에서의 자유로운 의사소통은 한층 여행을 즐겁고 보람차게 해줄 것입니다.

이 책은 여행자의 필수휴대품이 될 수 있도록 크게 두 가지로 분류하였습니다.

여행 일본어를 위한 워밍업: 여행지에서 빈번하게 쓸 수 있는 표현으로 일본어 문자에서 인사, 응답, 질문, 감사, 사과표현 등으로 꾸며져 있으며, 일본 여행자라면 반드시 익혀두어야 할 기본회화입니다.

장면별 회화: 출입국부터 숙박, 식사, 교통, 관광, 쇼핑, 방문·전화·우편, 트러블, 귀국까지 여행자가 부딪칠 수 있는 상황을 여행 순서에 맞게 설정하였습니다.

일러두기

- **QR코드**
  간편하게 원어민의 발음 듣기

- **여행가이드**
  여행할 때 요긴하게 쓸 수 있는 미니 여행정보

- **필수문형**
  각 장면에서 기본적으로 쓰이는 문형

- **문형연습 단어**
  필수문형에 대입하여 즉석에서 쓸 수 있는 단어

- **Q&A**
  여행자와 현지인이 실제로 주고받는 대화 형태

이 책의 특징

❶ 일본으로 여행, 출장, 방문을 할 때 현지에서 유용하게 사용할 수 있도록 간단한 회화만을 엄선하여 사전식으로 구성하였습니다.

❷ 일본어를 전혀 모르더라도 즉석에서 활용이 가능하도록 우리말을 먼저 두고 발음은 가능한 원음에 충실하여 한글로 표기하였습니다.

❸ 영어는 세계 공용어로 어디서나 통할 수 있는 의사전달의 수단입니다. 일본어가 잘 되지 않을 때는 영어를 사용하는 것도 말이 통하지 않아 난처한 상황을 벗어날 수 있는 좋은 기회입니다.

❹ 각 장면별로 현지에서 필요한 여행정보를 두어 여행가이드의 역할을 충분히 할 수 있도록 하였습니다.

• 사전식 우리말
사전처럼 찾아볼 수 있도록 우리말을 먼저 둠

• 영어표현
영어는 세계 공용어로 어디서나 쉽게 통할 수 있는 의사전달 수단

• 찾아보기
여행 장면의 대분류와 소분류를 두어 쉽게 찾아볼 수 있음

• 기본회화
각 장면에서 기본적으로 부딪칠 수 있는 회화

• 발음표기
정확한 일본어 발음을 한글로 표기하여 누구나 즉석에서 활용이 가능

Contents

일본 대표 관광지

1. 교토(京都)

일본의 대표적인 관광지이다. 도시 전체가 관광지이며, 일본의 옛 문화를 간직하고 있어 우리나라의 경주와 비슷한 느낌을 준다. 그중에서 요새 외국인이 가장 많이 찾는 관광지 중 하나는 후시미 이나리 신사이다. 후시미 이나리 신사가 관광객들의 눈길을 끌게 된 것은 붉은 색 도리이가 한참 늘어선 이미지 때문이 아닐까 싶다. 도리이는 일본의 전통 문으로, 속세와 신계를 구분한다. 우리나라의 홍살문과 비슷하다. 일반 신사에 비해 이나리 신사가 더 많은 도리이를 가지고 있는데, 교토의 후시미 이나리 신사는 수천 개에 달하는 붉은 도리이가 산기슭부터 신사까지 4km 가량 이어져 있다. 영화에 등장하여 더욱 유명해졌다. 은각사라는 이름으로 더욱 익숙한 지쇼지(긴가쿠지)와 금각사라 불리는 로쿠온지(킨카쿠지)는 여러모로 비교가 된다. 이름에서 볼 수 있듯이, 금각사는 금으로, 은각사는 은으로 외관을 덮는다는 의미로 붙여진 이름인데, 금각사는 실제로 금으로 덮여 있지만 은각사는 은으로 덮여 있지 않다. 재정난으로 실행에 옮겨지지 못했다고 한

다. 그래서 금각사는 매우 화려하고 면적도 좀 더 크지만, 은각사는 일본 전통의 소박함이 묻어져 나오는 매력이 있다. 두 절 모두 교토의 관광명소이다. 기요미즈데라(청수사)는 아름다운 풍경과 함께 성스러운 물로 유명하다. 사원 내부에 있는 작은 폭포는 물

이 세 줄기로 나누어져 내리는데, 각각 지혜, 장수, 사랑을 가리킨다 하여 많은 관광객들이 찾아 자신의 소원을 선택하며 물을 마신다. 절에 못을 쓰지 않은 것으로도 유명하다. 일본에서 가장 긴 목조건물이라고 하는 산주산겐 당은 금으로 만들어진 천수관음상이 1001개가 있는 절로 유명하다. 이 외에도 다수의 신사, 절, 사원 등이 교토에 있어 일본의 전통문화를 알기에 좋으며, 도시의 고즈넉한 분위기에 더해 벚꽃과 단풍 풍경도 아름다워, 때가 되면 교토의 풍경을 보러 오는 관광객들이 많다.

2. 도쿄

일본의 수도이다. 도쿄 하면 떠오르는 것 중에 하나가 도쿄타워이다. 333m 높이의 도쿄타워는 본래 방송을 위해 만들어진 전파탑으로, 현재는 도쿄의 관광명소가 되었다. 지상 150m에는 대전망대가, 지상 250m에는 특별전망대가 있어 시 전체를 조망하기에 매우 좋다. 도쿄타

워 밑에는 지상 4층 높이의 도쿄타워빌딩이 있는데, 대전망대 출입구와 수족관, 밀랍인형관 등 다양한 시설들이 함께 있다. 도쿄에는 도쿄타워보다 더 높은 건물이 있다. 바로 도쿄 스카이트리이다. 이 건물의 높이는 무려 634m로, 세계에서 가장 높은 자립식 전자탑이라고 한다. 2012년에 완공되었다. 이 높은 건물은 두 가지 패턴으로 조명이 들어오는데, 하나는 하늘색, 하나는 보라색이어서 색다른 느낌을 받을 수 있다. 전망대는 350m와 450m 높이에 있으며 건물이 높은 만큼 이곳에서 내려다보는 도쿄의 전경도 볼거리가 된다. 우리나라의 명동처럼 젊은이들이 많은 쇼핑의 거리로 시부야, 하라주쿠 등이 있으며, 롯폰기는 도쿄 제일의 유흥 거리이다. 롯폰기의 대표적인 명소 롯폰기힐스는 도시 재개발로 생긴 복합 문화 공간인데, 아시아에서 가장 큰 현대 미술관과 전망대 등이 있어 많은 관광객들의 발길을 이끈다. 일본의 전통 연극

인 가부키를 공연하는 가부키자 역시 도쿄에 있다. 야구 경기장으로 우리에게 친숙한 도쿄돔은 많은 공연들이 열리는 공연장이기도 하다. 오다이바는 인공섬으로서, 계획적으로 조성된 큰 상업지구이다. 도쿄 도심과 오다이바를 연결하는 레인보우 브리지, 대관람차, 자동차 테마파크, 해변공원 등의 특색 있는 명소들은 물론이고 식사, 쇼핑, 숙박까지도 가능할 정도로 많은 편의시설들이 이 인공섬 안에 있다. 이러한 편의성과 볼거리들은 요 몇 년간 많은 관광객들을 오다이바로 끌어들였다.

3. 평화기념공원

히로시마는 세계에서 최초로 원자폭탄이 투하된 곳이다. 전쟁의 아픔을 간직한 히로시마에는 평화를 기원하는 평화기념공원이 있다. 원폭 돔, 원폭사망자 위령비, 원폭 공양탑, 평화의 종, 평화기념자료관, 추모기념관 등의 건축물과 여러 조각상들이 보는 이들로 하여금 숙연하게 만든다. 평화 기념 자료관에서는 피폭 당시의 참혹함을 보여주는 자료들을 보여 주고 있어 다시는 이러한 비극이 일어나지 않기를 소원하는 마음을 더욱 강하게 한다. 특히, 일제강점기에 강제 징용되어 일하다가 참사를 당한 우리나라의 원폭 피해자들을 위해 한국인 원폭사망자 위령비가 따로 마련되어 있어 우리나라 관광객이라면 좀 더 마음이 가라앉는, 하지만 의미 있는 방문지가 될 것이다.

4. 도다이지

교토와 함께 일본의 대표적인 고도인 나라에 있는 불교사원 단지이다. 일본 화엄종의 본산으로, 나라 시의 절, 신사 등을 포함한 7개의 다른 곳과 함께 유네스코 세계문화유산으로 등재되어 있다. 이 절의 대불전은 세계에서 가장 큰 목조 건물로, 세계에서 가장 큰 비로자나불이 있다. 이 비로자나불의 높이는 무려 15m가 넘으며, 얼굴 길이만 약 5m에 달한다. 대불전 외에 다른 건물들도 일본 국보로 지

정될 만큼 독특하고 아름다우며 일본의 예스러운 절의 매력을 느낄 수 있다.

5. 추라우미 수족관

오키나와에 위치한 해양박람회기념국립공원 내에 있는 세계에서 두 번째로 큰 수족관이다. 총 4층으로 이루어진 건물은 오키나와의 바다를 재현해놓아 인기가 많으며 층수에 따라 바다의 깊이와 같게 환경을 조성해놓았다. 즉, 가장 위층인 4층이 대해라면 가장 아래층인 1층은 심해로 꾸며 놓아서 해당 깊이에 서식하는 바다생물들을 살펴볼 수 있게 해놓은 것이다. 이 수족관에서 가장 인상적이며 인기가 많은 층은 2층으로, '쿠로시오의 여행'을 주제로 한 층이다. 이 층에는 가로 22.5m, 세로 8.2m, 두께 0.6m에 달하는 세계에서 가장 큰 수조가 있어 관광객들을 사로잡는다. 이 수조 안에는 거대한 고래상어를 비롯하여 다양한 어종들이 있으

며 바닷속을 직접 보는 듯한 생생함을 느낄 수 있다. 직접 불가사리 등을 만져볼 수 있는 체험관도 있으며, 돌고래 쇼도 매우 인기가 있는 프로그램이다.

6. 지고쿠다니 야엔코엔

일본은 온천이 매우 많다. 그중에서도 특이한 온천을 꼽으라면 나가노에 있는 지고쿠다니 야엔코엔을 꼽을 수 있지 않을까 싶다. 지고쿠다니 야엔코엔은 지옥계곡 원숭이공원 정도로 해석할 수 있는데, 험한 절벽 사이사이로 피어오르는 온천의 연기 덕분에 지옥계곡이라는 이름이 붙었다고 한다. 공원에 들어서면 원숭이가 따로 격리되어 있지 않고 자유롭게 돌아다니는 것을 볼 수 있다. 원숭이는 자신을 빤히 쳐다보면 공격의 의사로 받아들인다고 하니 옆에 원숭이가 돌아다닌다 해도 먼저 만지거나 너무 빤히 쳐다보지 않는 것이 좋다. 그렇게 공원 내의 산책길을 걷다 보면 원숭이가 온천욕을 하는 신기한 광경을 볼 수 있다. 공원 내에 사는 원숭이는 약 300마리 정도라고 한다. 사람이 온천욕을 할 수 있는 온천은 따로 있는데 노천으로 원숭이가 들어와 같이 온천욕을 즐기는 경우도 있을 수 있다고 한다.

7. 하코네

도쿄와 멀지 않은 곳에 있으며 후지산과도 가까운 지리적 위치로 관광업이 발달한 마을이다. 특히 온천 마을로 유명하며, 산과 호수 등의 풍경이 수려하다. 하코네는 등산 열차, 케이블카 등 마을 내부를 관광할 때 탈 수 있는 교통수단이 다양하게 발달되어

있으며, 특히 오와쿠다니 유황계곡으로 가는, 유황 냄새를 맡으며 화산지대를 내려다볼 수 있는 케이블카가 인기가 많다. 오와쿠다니 유황계곡은 하코네 화산이 분화되어 생긴 분화구로, 분화구에서 올라오는 열기 때문에 대지옥이라고 불린다. 이 열기로 인해 주변에는 많은 온천이 생성되어 있다. 오와쿠다니

의 온천물에서 익힌 달걀은 다른 것과는 다르게 색깔이 까만데, 이 달걀을 먹으면 수명이 연장된다는 속설이 있어 오와쿠다니의 명물로 꼽힌다. 하코네의 또 다른 볼거리 중 하나는 조각의 숲 미술관이다. 1969년에 개관한 일본 최초의 야외 미술관으로서, 약 7만 평방미터가량의 넓은 잔디밭에 많은 조각

들이 전시되어 있다. 야외에 있기 때문에 날씨가 좋으면 소풍을 온다는 기분으로 가볍게 들를 수 있어 많은 사람들에게 미술에 대한 거리감을 좁게 해 준다. 작품이 야외에 있다고 해서 마구 만질 수 있는 것은 당연히 아니다. 로댕, 칼밀레, 헨리 무어 등 유명한 조각가들의 작품이 다수 전시되어 있다. 또한 실내에 피카소관이 별도로 구성되어 있는데 1984년에 개관한 이곳은 피카소의 그림, 조각, 도자기 등이 300여 점 전시되어 있다.

8. 오사카

대표적인 일본의 관광도시 중 하나이다. 오사카 성은 일본의 3대 성 중 하나로, 16세기 말에 도요토미 히데요시가 자신의 권력을 과시하기 위해 지은 성이다. 1615년 도쿠가와 이에야스의 공격으로 소실되었으며, 1620년에 도쿠가와 막부가 역시 자신의 권력을 과시하기 위해 기존의 오사카 성보다 더 크게, 그리고 기존의 모습과는 다르게 성을 재건하였다. 이후 벼락과 전쟁 등으로 여러 차례 보수 공사를 해야 했으며, 지금의 모습은 1931년 콘크리트로 복원된 것으로 도쿠가와 막부 때 지어진 모습과 유사하다. 오

사카 성의 상징인 천수각 역시 1931년에 복원된 것인데, 도요토미 때의 모습과 도쿠가와 때의 모습이 혼재되어 있는 것이 특징이다. 천수각의 높이는 55m에

달하며, 꼭대기에는 전망대가 있어 오사카 시내 전경을 바라볼 수 있으며, 벚꽃과 단풍 풍경이 매우 아름답다. 오사카에는 세계적으로 유명한 테마파크인 유니버설스튜디오가 있다. 할리우드 영화를 테마로 만들어진 이 놀이공원은 영화사 유니버설이 제작한 영화들 중 스파이더맨, 해리 포터 시리즈 등 인기 영화의 세트장이 재현되어 있고, 다양한 체험을 할 수 있게 꾸며져 있다. 덴포잔 관람차 역시 오사카의 명물이다. 최고 높이 112.5m에 달하는 대형 관람차로, 한 바퀴 도는 데 약 15분이 걸린다고 한다. 날씨가 맑은 날에는 간사이 공항까지 보인다고 한다. 도톤보리는 맛집이 아주 많고 독특한 간판과 화려한 네온사인들이 다양하게 펼쳐져 있는 거리이다. 도톤보리가 약간 서민적인 분위기라면 신사이바시는 고급스러운 상점들이 많은 쇼핑가이다. 두 거리 모두 오사카의 대표적인 거리이다.

9. 벳푸

규슈 오이타 현에 위치한, 온천 용출량이 일본에서 가장 많은 온천 도시이다. 벳푸 시내 곳곳에 2,800여 개의 분출구가 있다고 한다. 일본에서 온천 관광객들이 가장 많이 찾는 도시인 이곳은 도시 전체가 온천과 관련되어 있다고 해도 과언이 아니다.

천질이나 온천의 분위기가 조금씩 달라서, 비슷한 구역을 묶어 벳푸 팔탕이라고 부른다. 중조천, 식염천. 탄산철천 등 천질이 다르니 원하는 천질을 미리 알아보고 가는 것도 좋다. 벳푸 온천의 백미는 '지옥순례'인데 사람이 접근할 수 없을 정도로 온도가 높은 분기, 열탕들이 분출되는 토지가 있어 사람들이 이곳을 지옥이라 불렀다고 한 것에서 그 명칭이 유래되었다. 8개의 지옥을 돌기 위해 이곳에 방문하는 관광객들이 많다. 코발트색인 바다지옥, 온천열로 동물을 사육하는 산지옥, 악어가 사육되는 귀산지옥, 붉은 색의 피연못지옥 등이 온천의 천국인 일본에서도 독특한 경험을 선사한다.

10. 히메지 성

효고 현 히메지 시에 있는 성이다. 일본의 성은 대부분 목조로 건축되어 불에 약하기 때문에 아직까지 원형이 보전되어 있는 성이 많지 않은데, 히메지 성은 원형 그대로 보전되어 있어 가치가 높다. 히메지 성이 화재의 피해를 피할 수 있었던 것은 히메지 성의 상징과도 같은 하얀 외벽 때문이다. 불에 타지 않는 석고로 하얗게 회벽칠한 외관은 히메지 성을 몇백 년 동안 지켜 준 동시에 백로성이라는 별명을 갖게 해주었다. 1333년경에 처음으로 지어졌으며 여러 차례 증축과 개축을 거쳐 1609년경 현재의 모습을 갖추게 되었다. 전형적인 방어용 성으로 성벽을 따라

해자가 파져 있으며, 성 내부도 미로처럼 되어 있다. 실제로 관광객들이 성 안에 들어갔다가 위치를 헤매기도 한다. 곳곳에 숨어 있는 함정과 부채꼴 성벽 역시 히메지 성의 견고함을 알게 해준다.

11. 나가사키

큐슈 지방 나가사키 현의 현청 소재지이다. 일본의 첫 무역항이며 쇄국정책이 시행되던 때에도 유일하게 개항되었던 곳이라 다양한 문화가 공존하는 매력이 있다. 나가사키의 대표적인 관광지는 오우라 만 북단에 있는 테마파크인 하우스텐보스이다. 인간과 자연의 공존을 모토로 하여 조성되었는데 나무를 심고 운하를 만드는 등에서 네덜란드의 방식을 많이 따랐으며 건물과 거리들 역시 네덜란드식으로 지어져 있어 일본 속의 네덜란드를 체험할 수 있다. 규모가 엄청나서 아름다운 자연을 즐길 수도 있고, 놀이기구를 탈 수 있는 공간도 있으며, 하우스텐보스 안에 운하를 운항하는 커넬크루저도 있다. 낚시나 카약 등을 즐길 수도 있고 박물관이나 미술관 같은 시설도 있다. 말 그대로 하우스텐보스가 하나의 도시, 나라인 것만 같은 느낌이다. 나가사키에 네덜란드의 흔적

이 많이 남은 것은 쇄국정책이 시행되던 때에 포교활동을 하던 나라를 제외하고 서양 중에는 네덜란드만이 교역이 가능했기 때문으로 보인다. 서양 문물이 가장 먼저 들어온 곳인 만큼 나가사키에는 서양 종교의 흔적도 남아 있다. 일본에서 가장 오래된 성당인 오우라 천주당은 서양식 건물로는 유일하게 일본 국보로 지정되었다. 많은 관광객과 신도들이 찾는 곳이다. 또한 1597년에 도요토미 히데요시의 명령에 의해 천주교 신도 26명이 처형된 26성인 순교지도 이곳에 있다. 오우라 천주당이 26인 성인 순교지가 있는 언덕을 향하고 있는데, 이는 오우라 천주당이 26인의 순교자를 기리기 위해 지어졌기 때문이라고 한다. 나가사키는 히로시마와 함께 원폭 투하의 아픔을 지니고 있는 곳이기도 하다. 평화공원은 원폭 낙하 중심지에 세워진 공원으로, 평화를 염원하는 마음으로 지어졌다. 거대한 평화기념상 등이 시선을 사로잡는다. 나가사키 원폭 자료관은 끔찍한 원폭 피해를 전시하고 있다. 피폭의 참상을 그대로 보여주고 있어 보기에는 아픈 광경들이 많지만, 평화의 중요성을 알리기 위해서 세워진 만큼 나가사키에 가면 꼭 들러볼 만한 곳이다.

12. 이쓰쿠시마 신사(厳島神社)

히로시마 현 이쓰쿠시마 섬(미야지마 섬)에 있는 신사이다. 593년 창건되었으며 헤이안 시대인 12세기에 들어서 현재의 모습을 갖추게 되었다. 여러 번 재건축, 보수되었음에도 헤이안 시대의 모습을 그대로 지니고 있다. 이쓰쿠시마 섬은 마쓰시마(松島), 아마노하시다테(天ノ橋立)와 더불어 일본 3대 비경으로 꼽히는데, 이곳에 자리 잡은 이쓰쿠시마 신사 역시 아름다운 자연과 인간의 솜씨가 조화된 절경을 빚어낸다. 이쓰쿠시마 신사의 대표적인 이미지는 넘실대는 물 위에 서 있는 붉은 도리이이다. 도리이는 높이 16미터, 둘레 10미터로 엄청난 크기를 자랑한다. 이쓰쿠시마 신사는 해신을 섬기는 신사였다. 용궁을

재현하기 위해 물에 뜬 모습으로 지어졌다고 한다. 따라서 도리이뿐 아니라 건물들도 바닷물에 잠겨 있다. 밀물일 때는 배로 신사에 들어갈 수 있으며, 썰물이 되면 바닥이 드러나 걸어 다닐 수 있다. 여러 채의 건물들이 회랑으로 연결되어 있는데 이 회랑의 길이가 300미터가량

이라고 한다. 신성한 산 미센산을 뒤에 두고 물 위에 고고하게 서 있는 아름다운 이쓰쿠시마 신사는 1996년 유네스코 세계문화유산에 등재되었다.

13. 아소산

큐슈 지방 구마모토 현에 위치한 둘레 약 120~130km의 세계 최대 칼데라 화산이다. 칼데라는 화산의 정상부에 있는 붕괴의 흔적을 말한다. 보통 칼데라는 지름이 1km 정도지만, 아소산의 칼데라는 지름이 3km가 넘는다고 하니 그 규모를 짐작할 수가 있다. 아소산은 다섯 개의 분화구가 있는데 그중 하나인 나카다케가 아직도 활동 중인 활화산이다. 아소산 관광은 주로 이 나카다케를 구경하는 것을 말한다. 나카다케는 세계에서 화구를 가장 가까이에서 볼 수 있는 곳으로, 유황 냄새나 화산재 등의 흔적을 가깝게 보고 느낄 수 있다. 호수

의 물 색깔도 초록색으로 아주 독특하고 예쁘다. 나카다케 관광이 항상 가능한 것은 아니다. 여전히 활동 중인 화산이고, 최근에도 폭발한 적이 있기 때문에 가스가 많아지거나 바람이 세지면 관광객을 통제한다. 그러므로 기회가 생긴다면 놓치지 않고 나카다케를 구경해 보는 것이 좋다. 케이블카로 화구까지 쉽게 올라갈 수 있다. 화구 구경뿐 아니라 온천, 레저 스포츠도 즐길 수 있는 관광지이다.

14. 삿포로

홋카이도의 도청 소재지이다. 계획도시로 조성되어서 구획이 일자로 정갈하게 나누어져 있는 것이 특징이다. 일본에서 가장 추운 지역으로, 여름이 짧고 겨울이 길다. 그런 만큼 삿포로에서 가장 유명한 것은 바로 눈축제이다. 매년 2월 초쯤 개최되는데, 도시 곳곳에서 정교하고 아름다운 눈조각들을 볼 수 있다. 메인 장소는 오도리 공원인데 국제 눈 조각 경연대회가 열리며 150여 점의

눈과 얼음조각들이 전시된다. 매년 축제 기간에 약 200만 명의 관광객이 참여하여 브라질 리우 카니발, 독일 옥토버페스트와 함께 세계 3대 축제로 불린다고 한다. 또한 날씨가 춥고 겨울이 긴 만큼 스키, 스노보드 등 겨울 스포츠를 즐기기에 아주 좋다. 우리나라에서도 삿포로로 스키여행을 가는 관광객들이 많다. 또한 최초로 경기장에 공기부상방식을 도입해 야구와 축구 경기를 모두 할 수 있게 만든 삿포로 돔도 유명한 관광지이다. 삿포로 돔의 전망대에서 시내를 조망할 수도 있으며, 돔 투어가 별도로 마련되어 있어 일반인은 들어갈 수 없는 경기장 내부까지도 볼 수 있다. 이곳에서 2002년 한일월드컵 경기가 열리기도 했다. 삿포로에는 유명한 특산물도 많다. 지역이름이 붙을 정도로 유명한 삿포로 맥주와 삿포로 라면은 삿포로 여행을 더욱 즐겁게 해 줄 것이다.

15. 후지산

일본을 상징하는 산이라고 할 수 있다. 혼슈 중앙부, 시즈오카 현에 위치하며 높이가 3,776m로 일본에서 가장 높은 산이다. 화산이지만 1707년 이후로 화산활동이 없는 휴화산이다. 날씨가 좋

은 날에는 100km 떨어진 도쿄에서도 후지산을 볼 수 있다고 하니 일본인들에게 후지산이 얼마나 가깝게 느껴질지 짐작할 수 있다. 후지산은 오래전부터 그 웅장한 모습과 이따금씩 일어나는 화산활동으로 인해 일본인들의 숭배의 대상이 되었다. 그래서 산속에는 신사나 절 등이 많다. 또한 후지산을 순례하는 사람들이 늘어나면서 순례자들을 위한 산장 등의 편의시설도 생겼다. 2013년 유네스코 세계문화유산에 등재된 일본의 명물이다.

16. 요코하마 미나토미라이21

요코하마의 발전과 도쿄의 기능 분담을 위해 조성된 계획 신도시이다. 미나토미라이는 미래항구라는 뜻으로, 이름에서부터 계획적인 느낌이 묻어난다. 쇼핑몰, 미술관, 공원은 물론이거니와 첨단업무지구, 컨벤션 시설까지 포함하고 있는 요코하마의 대표 관광지이다. 미나토미라이의 상징적인 건물은 요코하마 랜드마크 타워이다. 미나토미라이역과 연결되어 있으며 70층으로 높이가

292m에 달하는 초고층 복합빌딩이다. 69층에는 스카이 가든이라는 전망대가 있다. 전면이 유리로 되어 있어 360도로 조망이 가능하며, 날씨가 좋은 날에는 후지산도 볼 수 있다. 전망대까지 올라가는 엘리베이터는 일본에서 가장 빠르며, 69층까지 40초면 도착한다고 한다. 랜드마크 타워 내의 쇼핑몰을 랜드마크 플라자라고 하는데, 또 하나의 쇼핑몰인 퀸즈 스퀘어와 연결되어 있어 쇼핑을 즐기기에 아주 좋다. 그 외에도 호텔, 식당, 병원 등이 입주되어 있다. 현관 입구에 있는 도크(dock) 야드 가든은 길이 107m, 폭 29m, 깊이 10m로 길게 깊이 파인 모양이다. 원래 선박을 수리하던 도크였는데 기능을 상실한 뒤현재의 모습으로 보존되어 국가 중요 문화재로 지정되었다. 미나토미라이를 대표하는 또 하나의 명소는 테마파크인 코스모월드, 그중에서도 대관람차인 코스모 클록 21이다. 관람차를 타면 15분 동안 아름다운 요코하마의 풍경을 감

상할 수 있다. 밤에 보는 야경은 또 다른 매력이 있다. 관람차 자체의 조명도 볼거리이다. 관람차 외에도 물속의 동굴을 통과하는 롤러코스터 바닛슈는 코스모월드의 대표 기구이다. 미나토미라이에는 특이하게 컵라면 박물관이 있다. 컵라면의 역사를 알아볼 수 있고, 무엇보다도 자신만의 컵라면을 직접 만들어 볼 수 있는 공간이 있어 인기가 많은 곳이다.

17. 시라카와고

기후 현 북서부에 있는 작은 마을이다. 이 작고 조용한 마을이 관광지가 된 이유는 갓쇼즈쿠리라는 독특한 가옥 양식 때문이다. 갓쇼즈쿠리란 억새로 엮는 경사가 심한 맞배지붕을 의미한다. 합장(合掌: 일본어로 갓쇼)을 할 때의 손 모양과 비슷하다고 해서 붙여진 이름이다. 이러한 지붕은 물이 스며드는 것을 방

지하고 눈의 무게를 견디기에 좋은 양식이다. 시라카와고에는 갓쇼즈쿠리 양식으로 지어진 집들이 많고, 아름다운 자연과 더불어 전통적인 모습을 그대로 간직하고 있어 유명해졌다. 도야마 현의 고카야마와 함께 시라카와고와 고카야마의 역사 마을이라는 이름으로 유네스

코 세계문화유산에 등재되기도 하였다. 일본 속의 일본이라는 별칭이 있다. 나고야에서 세 시간가량 버스를 타고 가면 도착한다.

18. 유후인

오이타 현 유후 시에 속해 있다. 벳푸, 구사쓰에 이어 일본에서 세 번째로 온천 용출량이 많은 곳이어서 온천 관광의 명소가 되었다. 유후인의 온천가의 특징은 조용하고 환락가가 거의 없다는 것이다. 일본의 전통 숙박시설인 료칸역시 대형 료칸보다는 작고 조용한 곳이 많아 아기자기하고 아늑한 분위기여

서 조용한 온천 여행을 좋아하는 사람들이 유후인을 많이 찾는다. 현대화되지 않은 전통식 료칸도 아직까지 남아 있다. 유후인의 조용하고 아기자기한 맛을 느낄 수 있는 또 다른 관광지는 유노쓰보가이도이다. 유후인 역에서부터 긴린코 호수까지 이어진 거리를 말한다. 이

거리는 아기자기한 상점과 소소한 먹거리들이 가득하여 관광객들에게 인기가 많다. 공예품 상점부터 고양이 샵, 강아지 샵, 부엉이 카페, 캐릭터 샵, 고로케 가게, 타코야키 가게 등 일본의 고즈넉한 분위기를 마음껏 즐길 수 있는 작은 가게들이 길거리에 들어서 있다.

19. 마고메주쿠와 쓰마고주쿠

나카센도는 에도 시대에 에도(도쿄)와 교토를 연결하는, 내륙의 산악지대를 지나는 도로였다. 많은 여행자들이 이용하였기 때문에 길가에는 많은 역참들

이 있었다. 시간이 지나면서 나카센도를 따라 개발이 이루어졌는데, 여전히 옛 모습을 간직하거나 옛 모습대로 복원된 역참마을이 바로 기후 현의 마고메주쿠와 나가노 현의 쓰마고주쿠이다. 이 두 마을은 여전히 에도 시대에 있는 것처럼 예전 모습을 잘 간직하고 있어 그 문화적 가치가 매우 큰 곳이다. 두 마을 사이의 거리는 8km 정도여서 천천히 걸으면서 그 분위기를 음미할 수도 있고, 자주 운행되지는 않지만 버스로 움직일 수도 있다.

20. 겐로쿠엔

이시카와 현의 현청 소재지인 가나자와에 있는 정원이다. 고라쿠엔, 가이라쿠엔과 함께 일본의 3대 정원으로 꼽힌다. 계절마다 아름다운 풍경을 볼 수 있는 것으로 유명하다. 겐로쿠엔의 한자는 겸육원(兼六園)으로, 여섯 가지를 겸비하였다는 뜻이다. 이 여섯 가지란 중국 송나라 시인 이격비의 〈낙양명원기〉라는 책에서 언급된 것으로 정원이 갖추어야 할 여섯 가지 조건인데 광대함, 고요함, 기교, 고색창연함, 수로, 조망을 말한다. 1676년 그 지역의 영주였던 마에다 가가 렌치정을 지어 렌치 뜰이라고 부르기 시작한 것이 시초이며, 이후

에 여러 차례 발전하면서 현재의 모습을 갖추게 되었다. 겐로쿠엔에는 일본에서 가장 오래된 분수가 있는데, 위치에너지만으로 작동된다고 한다. 수면과의 낙차로 인해 물줄기가 자연적으로 솟아오른다는 것이다. 고토지 등롱은 두 개의 다리를 가진 석등으로, 겐로쿠엔에 갔다면 놓쳐서는 안 될 겐로쿠엔과 가나자와의 상징과도 같은 것이다. 일본의 대표 매화 20여 종을 모아 조성한 매화나무 숲도 있어 봄이면 형형색색의 매화를 감상할 수 있다. 그 외에도 거대한 나무들과 의미를 담은 여러 볼거리들이 눈을 즐겁게 한다. 아름다운 경치와 자연이 일본 정원의 정수를 느끼게 해 준다.

기본 회화 표현

Chapter 01

일상적인 만남의 인사

일상적인 인사를 할 때

⭐ 안녕하세요.(아침 / 낮 / 밤)

おはよう ございます。 / こんにちは。 / こんばんは。

오하요- 고자이마스   / 곤니찌와   / 곰방와

⭐ 날씨가 좋네요.

いい 天気ですね。

이- 뎅끼데스네

⭐ 어디에 가십니까?

今、 どこへ。

이마, 도꼬에

⭐ 무슨 좋은 일이라도 있어요?

何か いい ことでも あるんですか。

낭까 이- 고또데모 아룬데스까

근황을 물을 때

⭐ 잘 지내십니까?

お元気ですか。

오겡끼데스까

⭐ 덕분에 잘 지냅니다. 당신은요?

おかげさまで 元気です。 あなたの ほうは？

오까게사마데 겡끼데스   아나따노 호-와

28

ⓐ 별일 없으세요?

お変りありませんか。

<small>오까와리 아리마셍까</small>

ⓐ 기분은 어떠세요?

気分は どうですか。

<small>기붕와　도-데스까</small>

ⓐ 요즘은 어떠십니까?

この頃は いかがですか。

<small>고노고로와 이까가데스까</small>

ⓐ 그저 그렇습니다.

まあまあです。

<small>마-마-데스</small>

ⓐ 사업은 잘되십니까?

事業は うまく いっていますか。

<small>지교-와 우마꾸 잇떼 이마스까</small>

ⓐ 무슨 별다른 일이라도?

何か 変わった ことは?

<small>나니까 가왓따 고또와</small>

ⓐ 아니, 별로.

いや、別に。

<small>이야,　베쯔니</small>

✪ 오랜만이군요.

おひさしぶりですね。

오히사시 부리데스네

✪ 야, 몇 년 만입니까?

やあ、何年ぶりですか。

야-,　난넴부리데스까

✪ 다시 만나서 반갑습니다.

また お会いできて うれしいですね。

마따 오아이데끼떼 우레시-데스네

✪ 여전하군요.

相変わらずですね。

아이까와라즈데스네

✪ 그동안 어땠습니까?

その後 どうでしたか。

소노고 도-데시따까

✪ 오랜만이군요.

しばらくぶりですね。

시바라꾸 부리데스네

✪ 다시 뵙게 되어 반갑습니다.

また お目にかかれて うれしいです。

마따 오메니카까레떼 우레시-데스

ⓐ 모두가 적적해 하였습니다.

みんな さびしがっていましたよ。

민나 사비시갓떼 이마시따요

ⓐ 뵙고 싶었습니다.

お会いしたかったんです。

오아이시타깟딴데스

ⓐ 별고 없으셨습니까?

お変りありませんでしたか。

오까와리 아리마센데시따까

ⓐ 세월 참 빠르네요.

歳月は 速いもんですね。

사이게쯔와 하야이몬데스네

ⓐ 어떻게 지냈니?

どうしていたの?

도-시떼 이따노

ⓐ 전혀 안 변했구나.

ぜんぜん 変わらないね。

젠젱 가와라나이네

ⓐ 건강해 보이는데요.

元気そうですね。

겡끼 소-데스네

ⓐ 오랫동안 소식을 못 드렸습니다.

ごぶさたしました。

고부사따시마시따

31

★ 가족 분들은 잘 지내십니까?
ご家族の 皆さんは 元気ですか。
고카조꾸노 미나상와 겡끼데스까

★ 모두 잘 지냅니다.
みんな 元気です。
민나 겡끼데스

★ 요즘 어떻게 지내십니까?
このごろ どう 過されていますか。
고노고로 도- 스고사레떼 이마스까

★ 그는 요즘 어떻게 지내니?
彼は このごろ どうしているの?
가레와 고노고로 도-시떼 이루노

★ 그는 건강하게 지내고 있습니다.
彼は 元気で 過しています。
가레와 겡끼데 스고시떼 이마스

★ 여행은 어땠어요?
旅行は どうでしたか。
료꼬와 도-데시따까

★ 무엇 때문에 바빴습니까?
何のために 忙しかったんですか。
난노 따메니 이소가시깟딴데스까

32

Chapter 02 소개할 때의 인사

처음 만났을 때의 인사

✿ 처음 뵙겠습니다.

はじめまして。

하지메마시데

✿ 잘 부탁합니다.

どうぞ よろしく。

도-조 요로시꾸

✿ 뵙게 되어 매우 기쁩니다.

お目にかかれて とても うれしいです。

오메니카까레떼 도떼모 우레시-데스

✿ 알게 되어 기쁘게 생각합니다.

お知り合いになれて うれしく 思います。

오시리아이니 나레떼 우레시꾸 오모이마스

✿ 뵙게 되어 영광입니다.

お目にかかれて 光栄です。

오메니카까레떼 코-에-데스

✿ 처음 뵙겠습니다. 잘 부탁드립니다.

はじめまして、どうぞ よろしく お願いします。

하지메마시떼, 도-조 요로시꾸 오네가이시마스

✿ 저야말로 잘 부탁합니다.

こちらこそ よろしく。

고찌라꼬소 요로시꾸

✪ 늘 가까이서 뵙고 싶었습니다.

いつも お近づきになりたいと 思っていました。

이쯔모 오치까즈끼니 나리따이또 오못떼 이마시따

✪ 뵙기를 기대하고 있었습니다.

お目にかかるのを 楽しみにしていました。

오메니카까루노오 다노시미니 시떼 이마시따

✪ 말씀은 그전부터 많이 들었습니다.

おうわさは かねがね うかがっておりました。

오우와사와 가네가네 우까갓떼 오리마시따

✪ 요시무라에게 말씀은 들었습니다.

吉村から うわさを 聞いてましたよ。

요시무라까라 우와사오 기이떼 마시따요

✪ 성함만은 알고 있었습니다.

お名前だけは 知っておりました。

오나마에다께와 싯떼 오리마시따

✪ 어디서 만난 적이 없습니까?

どこかで お会いしたことは ありませんか。

도꼬까데 오아이시따 고또와 아리마셍까

UNIT 02 자신을 소개할 때

✪ 뵌 적이 없는 것 같은데요.

お目にかかったことは ないと思いますが。

오메니카깟따 고또와 나이또 오모이마스가

34

⊙ 당신과는 처음인 것 같은데요.
あなたとは 初めてだと 思いますが。
아나따또와 하지메떼다또 오모이마스가

⊙ 잠깐 제 소개를 하겠습니다.
ちょっと 自己紹介させてください。
촛또 지꼬쇼-까이 사세떼 구다사이

⊙ 실례합니다. 어디서 뵌 적이 있지요.
失礼、どこかで お会いした ことが ありますね。
시쯔레-, 도꼬까데 오아이시따 꼬또가 아리마스네

⊙ 안녕하세요, 저를 기억하십니까?
こんにちは、私のこと 覚えてます。
곤니찌와,   와따시노 고또 오보에떼마스

⊙ 죄송합니다. 다른 사람으로 착각했습니다.
すみません、別の人と 間違えてしまいました。
스미마셍,   베쯔노 히또또 마찌가에떼 시마이마시따

⊙ 제 명함입니다. 당신 것도 받을 수 있을까요?
名刺を どうぞ。あなたのも いただけますか。
메-시오 도-조   아나따노모 이따다께마스까

UNIT 03

상대를 소개할 때

⊙ 다나카 씨를 소개하겠습니다.
田中さんを 紹介しましょう。
다나까상오 쇼-까이시마쇼-

35

✪ 친구 기무라 씨를 소개하겠습니다.
友人の 木村さんを 紹介します。
유-진노 기무라상오 쇼-까이시마스

✪ 만난 적이 없으면 소개해 드리지요.
会った ことが なければ 紹介して おきましょう。
앗따 꼬또가 나께레바 쇼-까이 시떼오끼마쇼-

✪ 김 씨, 사토 씨를 만나는 것은 처음이지요.
金さん、佐藤さんに 会うのは 初めてですね。
김상 사또-산니 아우노와 하지메떼데스네

✪ 이 씨, 이분은 다나카 씨입니다.
李さん、こちらは 田中さんです。
이상,　　　고찌라와 다나까산데스

✪ 이쪽은 한국에서 온 친구인 김입니다. 일본에 막 도착했습니다.
こちらは 韓国の 友人 金です。日本に 着いたばかりです。
고찌라와 캉꼬꾸노 유-진 김데스　　　니혼니 쓰이따 바까리데스

✪ 마리코와 저는 초등학교부터 아는 사이입니다.
真利子と 私は 小学校からの 知り合いです。
마리꼬또 와따시와 쇼-각꼬-까라노 시리아이데스

상대와 친해지기 위한 질문

✪ 어디 태생입니까?
どこの お生まれですか。
도꼬노 오우마레데스까

🌟 이곳 생활은 어떻습니까?

こちらの 生活は どうですか。

고찌라노 세-까쯔와 도-데스까

🌟 이곳에는 자주 오십니까?

こちらへは よく いらっしゃるのですか。

고찌라에와 요꾸 이랏샤루노데스까

🌟 어디에 근무하십니까?

どちらへ お勤めですか。

도찌라에 오쯔또메데스까

🌟 어느 학교에 다닙니까?

学校は どちらですか。

각꼬-와 도찌라데스까

🌟 어느 대학을 나왔습니까?

大学は どこでしたか。

다이가꾸와 도꼬데시따까

🌟 흥미는 무엇입니까?

ご興味は 何ですか。

고쿄-미와 난데스까

🌟 가족은 몇 분입니까?

ご家族は 何人ですか。

고까조꾸와 난닌데스까

🌟 일본어를 할 줄 아나요?

日本語が 話せますか。

니홍고가 하나세마스까

✿ 앞으로도 서로 연락을 취합시다.

これからも 連絡を 取り合いましょうね。

고레까라모 렌라꾸오 도리아이마쇼-네

✿ 어떻게 하면 연락이 됩니까?

どうしたら 連絡が つきますか。

도-시따라 렌라꾸가 쓰끼마스까

✿ 여기는 놀러 왔습니까?

ここへは 遊びに 来ているんですか。

고꼬에와 아소비니 기떼 이룬데스까

✿ 여기는 일로 왔습니까?

ここへは 仕事で 来ていますか。

고꼬에와 시고또데 기떼 이마스까

✿ 일본의 생활에는 이제 익숙해졌습니까?

日本の 生活には もう 慣れましたか。

니혼노 세-까쯔니와 모- 나레마시따까

✿ 일본에는 언제까지 있습니까?

日本には いつまで いるんですか。

니혼니와 이쯔마데 이룬데스까

Chapter 03 헤어질 때의 인사

UNIT 01 헤어질 때

⭐ 안녕히 가세요.

さようなら。/ ごきげんよう。

사요-나라 　/ 고끼겡요-

⭐ 언제 가까운 시일에 또 만납시다.

いずれ近いうちに また 会いましょう。

이즈레 치까이 우찌니 마따 아이마쇼-

⭐ 그럼, 내일 또 봐요.

では、また あした。/ じゃ, またした。

데와,　마따 아시따　/ 쟈 마따 시따

UNIT 02 자리에서 일어날 때

⭐ 이제 가야겠습니다.

もう おいとまいたします。

모- 오이또마 이따시마스

⭐ 늦었어.

遅くなってきたよ。

오소꾸낫떼 기따요

⭐ 이제 실례해야겠어.

そろそろ 失礼しなくては。

소로소로 시쯔레- 시나꾸떼와

39

😊 만나서 반가웠습니다.

お会いできて うれしかったです。

오아이데끼떼 우레시깟따데스

😊 즐거웠습니다.

楽しかったです。

다노시깟따데스

😊 저녁을 잘 먹었습니다.

夕食を ごちそうさまでした。

유-쇼꾸오 고찌소-사마데시따

😊 초대해 줘서 고마워요. 정말 즐거웠습니다.

ご招待 ありがとう。すっかり 楽しんでしまいました。

고쇼-따이 아리가또-   슥까리 다노신데 시마이마시따

😊 즐거운 주말을 보내십시오.

楽しい 週末を お過ごしください。

다노시- 슈-마쯔오 오스고시구다사이

😊 그럼 조심해서 가세요.

では、気を つけて。

데와,   기오 쓰께떼

😊 좀 더 계시다 가세요.

もう ちょっと いいじゃないですか。

모- 촛또 이-쟈 나이데스까

😊 또 오세요.

また 来てくださいね。

마따 기떼 구다사이네

UNIT 03 그밖에 작별인사와 안부를 전할 때

❉ 즐겁게 다녀와.
楽しんでらっしゃい。
다노신데 랏샤이

❉ 좋은 여행이 되기를!
よい旅を。
요이 다비오

❉ 아버님께 안부 전해 주세요.
お父さんに よろしく。
오또-산니 요로시꾸

❉ 부모님께 안부 전해 주세요.
ご両親に よろしく。
고료-신니 요로시꾸

❉ 다나카 씨를 우연히 만났는데, 당신에게 안부 전해 달라고 하던데요.
田中さんに 偶然会いましたら、あなたに よろしくとの
ことでした。
다나까산니 구-젱 아이마시따라 아나따니 요로시꾸또노 꼬또데시따

❉ 기무라에게 안부 전해 줘.
木村に よろしく言っておいてね。
기무라니 요로시꾸 잇떼 오이떼네

❉ 가족 모두에게 부디 안부 전해 주십시오.
ご家族の方かたに ぐれぐれも よろしく お伝えください。
고가조꾸노 가따니 구레구레모 요로시꾸 오쓰따에 구다사이

41

✿ 너를 만날 수 없게 되다니 외롭겠는데.

君に 会えなくなると さびしくなるよ。

기미니 아에나꾸나루또 사비시꾸나루요

✿ 당신과 함께하지 못해서 유감이군.

あなたと ご一緒でなくて 残念だね。

아나따또 고잇쇼데 나꾸떼 잔넨다네

✿ 돌아와야 해.

帰ってこなくちゃ だめだよ。

가엣떼 고나꾸쨔 다메다요

✿ 그 사이에 전화 줘.

そのうち 電話してね。

소노우찌 뎅와시떼네

✿ 편지 줘.

手紙を ちょうだい。

데가미오 쵸-다이

✿ 다시 언제 만나자.

また いつか 会おうね。

마따 이쓰까 아오-네

✿ 서로 연락을 취하자.

連絡を 取り合おうね。

렌라꾸오 도리아오-네

Chapter 04 고마움을 나타낼 때

고마움을 말할 때

✿ 고마워요.

ありがとう。
아리가또-

✿ 네, 고마워요.

はい、どうも。
하이, 도-모

✿ 고맙습니다.

ありがとう ございます。
아리가또- 고자이마스

✿ 정말로 고맙습니다.

本当に ありがとう ございます。
혼또-니 아리가또- 고자이마스

✿ 아무튼 고마워요.

何はともあれ、ありがとう。
나니와 또모아레, 아리가또-

✿ 이거 무척 고마워요.

これは どうも ありがとう。
고레와 도-모 아리가또-

✿ 여러모로 신세를 많이 졌습니다.

いろいろ お世話に なりました。
이로이로 오세와니 나리마시따

✪ 수고를 끼쳐드렸습니다.
ご面倒を おかけしました。

고멘도-오 오까께시마시따

✪ 호의에 감사드려요.
ご好意 ありがとう。

고코-이 아리가또-

✪ 친절히 대해 줘서 고마워요.
ご親切に どうも。

고신세쯔니 도-모

✪ 친절하게 대해 줘서 많은 도움이 되었습니다.
ご親切に、たいへん 助かりました。

고신세쯔니, 다이헨 다스까리마시따

✪ 몸 둘 바를 모르겠어요!
なんと ご親切に!

난또 고신세쯔니!

✪ 당신 덕택에 도움이 되었습니다.
あなたの おかげで 助かりました。

아나따노 오까게데 다스까리마시따

✪ 칭찬해 주셔서 고마워요.
誉めていただいて、どうも。

호메떼 이따다이떼, 도-모

44

UNIT 03 배려에 대해 고마움을 나타낼 때

✿ 마중을 나와 주셔서 정말로 고맙습니다.
お出迎えいただいて 本当に ありがとうございます。
오데무까에 이따다이떼 혼또-니 아리가또- 고자이마스

✿ 그렇게 말해 줘서 고마워요.
そう 言ってくれて ありがとう。
소- 잇떼 구레떼 아리가또-

✿ 알려 줘서 고마워.
知らせてくれて ありがとう。
시라세떼 구레떼 아리가또-

✿ 격려해 줘서 고마워요.
励ましてくれて ありがとう。
하게마시떼 구레떼 아리가또-

✿ 만나러 와 줘서 고마워.
会いに 来てくれて ありがとう。
아이니 기떼 구레떼 아리가또-

✿ 음악회 표, 고마웠습니다.
音楽会の 切符、ありがとう ございました。
옹가꾸까이노 깁뿌, 아리가또- 고자이마시따

✿ 거들어 줘서 고마워요.
お手伝い ありがとう。
오테쓰다이 아리가또-

45

✪ 선물 무척 고마워요.

プレゼントを どうも ありがとう。

푸레젠또오 도-모 아리가또-

✪ 멋진 선물을 줘서 고마워요. 풀어도 될까요?

すてきな プレゼントを ありがとう。開けても いいです
か。

스떼끼나 푸레젠또오 아리가또- 아께떼모 이-데스까

✪ 저에게 주시는 겁니까? 너무 고마워요.

私に くださるのですか。どうも ありがとう。

와따시니 구다사루노데스까   도-모 아리가또-

✪ 우와, 기뻐! 정말 고마워.

うわあ、うれしい!本当に ありがとう。

우와-,   우레시- 혼또-니 아리가또-

✪ 뜻밖입니다. 너무 고마워요.

思いがけない ことです。どうも ありがとう。

오모이가께나이 고또데스   도-모 아리가또-

✪ 이런 것을 전부터 갖고 싶었습니다.

こういう 物を 前から 欲しいと 思っていました。

고-유- 모노오 마에까라 호시-또 오못떼 이마시따

✪ 고마워요. 이런 것을 하시지 않아도 되는데…….

ありがとう。そんなこと なさらなくても よかったの
に。

아리가또- 손나 고또 나사라나꾸떼모 요깟따노니

여행 일본어를 위한
워밍업

현대 일본어

◉ 구어와 문어
현대 일본어는 크게 구어(口語)와 문어(文語)로 나뉜다. 구어는 일상 회화나 현대어로 쓰인 문장을 말한다. 문어는 고어(古語)로 예부터 전해오는 문장체를 말하며 현대어의 문법과는 다르고 어려운 한자를 많이 사용해 지금은 전통 시가(詩歌) 등에만 한정되어 쓰인다.

◉ 표준어
일본에서도 지역, 계층에 관계없이 통용되는 말을 정하고 있는데, 이것을 표준어라고 한다. 일본어의 표준어는 도쿄(東京)지방의 교양 있는 사람들이 쓰는 언어로 정하고 있다.

◉ 일본어의 구조
우리말 구조와는 달리 일본어는 「1자음+1모음」의 형식을 취하거나 「1모음」으로 구성되어 있다. 즉, 자음(子音)은 항상 모음(母音) 앞에서만 발음이 된다.

◉ 일본어의 어휘
일본어 어휘는 순수한 일본어인 고유어 이외에, 외국에서 들어온 외래어가 있으며, 이 외래어는 カタカナ로 표기하여 고유어와 구별하고 있다. 그러나 중국에서 들어온 한자 어휘는 요즘은 거의 외래어라는 의식이 희박하여 순수 일본어처럼 쓰이고 있다.

◉ 문 법
일본어의 어순(語順)은 우리말과 비슷하여 다른 외국어에 비해 배우기가 수월하다. 일본어 문법은 우리말 문법과 마찬가지로 단수와 복수의 개념이 분명하지 않고, 성(姓)의 구별이 없으며, 경어법이 발달되었고 용언이 활용된다.

일본어 문자

일본어 문자는 특이하게 한자(漢字), 히라가나(ひらがな), 가타카나(カタカナ)를 병용해서 사용한다. 히라가나와 가타카나를 합쳐서 「仮名文字」라고 하며 한글처럼 표음문자이다.

☀ 히라가나

ひらがな는 한자를 흘려 쓰거나 획을 간단히 하여 만들어진 문자이다. 헤이안 (9세기경) 시대 여성 궁정귀족들에 의해 쓰인 문자로 지금은 문장을 표기할 때 일반적으로 가장 많이 쓰인다.

☀ 가타카나

カタカナ는 한자의 일부분을 따거나 획을 간단히 한 문자이다. 헤이안 시대부터 스님들이 불경의 강독을 들을 때 그 발음을 표기하기 위해 쓰인 문자로 지금은 외래어, 전보문, 의성어 등, 어려운 한자로 표기해야 할 동식물의 명칭이나 문장에서 특별히 강조할 때도 사용한다.

☀ 한 자

漢字는 내각고시로 제정한 상용한자(常用漢字) 1945자를 사용하고 있다. 한자의 읽기는 음독(音読)과 훈독(訓読)이 있으며, 우리와는 달리 읽는 방법이 다양하다. 또한 일본식 약자(新字体)를 사용하기 때문에 우리가 쓰는 정자(正字)로 표기하면 안 된다.

☀ 오십음도

가나문자를 행(行)과 단(段)으로 나누어 다섯 자씩 10행으로 배열한 것을 오십음도(五十音図)라고 한다.

히라가나(ひらがな)

あ 아	い 이	う 우	え 에	お 오
か 카	き 키	く 쿠	け 케	こ 코
さ 사	し 시	す 스	せ 세	そ 소
た 타	ち 치	つ 츠	て 테	と 토
な 나	に 니	ぬ 누	ね 네	の 노
は 하	ひ 히	ふ 후	へ 헤	ほ 호
ま 마	み 미	む 무	め 메	も 모
や 야		ゆ 유		よ 요
ら 라	り 리	る 루	れ 레	ろ 로
わ 와		ん 응		を 오

카타카나(カタカナ)

ア	イ	ウ	エ	オ
아	이	우	에	오
カ	キ	ク	ケ	コ
카	키	쿠	케	코
サ	シ	ス	セ	ソ
사	시	스	세	소
タ	チ	ツ	テ	ト
타	치	츠	테	토
ナ	ニ	ヌ	ネ	ノ
나	니	누	네	노
ハ	ヒ	フ	ヘ	ホ
하	히	후	헤	호
マ	ミ	ム	メ	モ
마	미	무	메	모
ヤ		ユ		ヨ
야		유		요
ラ	リ	ル	レ	ロ
라	리	루	레	로
ワ		ン		ヲ
와		응		오

일본어 발음

☀ 청음·淸音(せいおん)

あ行은 우리말의 「아·이·우·에·오」와 발음이 같다. 단, う는 「우」와 「으」의 중간음으로 입술을 내밀지도 당기지도 않는 자연스러운 상태에서 발음한다.

あ	い	う	え	お
ア	イ	ウ	エ	オ
아[a]	이[i]	우[u]	에[e]	오[o]

か行은 단어의 첫머리에 올 때는 입천장에서 나오는 강한 「가·기·구·게·고」와 비슷하며, 단어의 중간이나 끝에 올 때는 「까·끼·꾸·께·꼬」로 발음한다.

か	き	く	け	こ
カ	キ	ク	ケ	コ
카[ka]	키[ki]	쿠[ku]	게[ke]	코[ko]

さ行은 우리말의 「사·시·스·세·소」와 발음이 같다. 단, す는 「수」와 「스」의 중간음으로 입술을 내밀지도 당기지도 않는 자연스러운 상태에서 발음한다.

さ	し	す	せ	そ
サ	シ	ス	セ	ソ
사[sa]	시[si]	스[su]	세[se]	소[so]

た·て·と는 단어의 첫머리에 올 때는 「다·데·도」로 발음하고, 중간이나 끝에 올 때는 「따·떼·또」로 발음한다. ち·つ는 「찌·쯔」와 「치·츠」의 중간음으로 「찌·쓰」에 가깝게 발음한다.

た	ち	つ	て	と
タ	チ	ツ	テ	ト
타[ta]	치[chi]	츠[tsu]	테[te]	토[to]

な行은 우리말의 「나·니·누·네·노」와 발음이 같다.

な	に	ぬ	ね	の
ナ	ニ	ヌ	ネ	ノ
나[na]	니[ni]	누[nu]	네[ne]	노[no]

は行은 우리말의 「하·히·후·헤·호」와 발음이 같다. 단 ふ는 「후」와 「흐」의 중간음으로 입술을 내밀지도 당기지도 않는 자연스러운 상태에서 발음한다.

は	ひ	ふ	へ	ほ
ハ	ヒ	フ	ヘ	ホ
하[ha]	히[hi]	후[hu]	헤[he]	호[ho]

ま行은 우리말의 「마·미·무·메·모」와 발음이 같다.

ま	み	む	め	も
マ	ミ	ム	メ	モ
마[ma]	미[mi]	무[mu]	메[me]	모[mo]

や行은 우리말의 「야·유·요」와 발음이 같고 반모음으로 쓰인다.

や		ゆ		よ
ヤ		ユ		ヨ
야[ya]		유[yu]		요[yo]

ら行은 우리말의 「라·리·루·레·로」와 발음이 같다.

ら	り	る	れ	ろ
ラ	リ	ル	レ	ロ
라[ra]	리[ri]	루[ru]	레[re]	로[ro]

わ行의 わ·を는 우리말의 「와·오」와 발음이 같다. 단, を는 あ행의 お와 발음이
같지만 단어에는 쓰이지 않고 조사 「~을(를)」의 뜻으로만 쓰인다. ん은 はねる
音을 참조하자.

わ	ん	を
ワ	ン	ヲ
와[wa]	응[n,m,ng]	오[o]

☀ 탁음·濁音(だくおん)

탁음이란 か·さ·た·は(カ·サ·タ·ハ)행의 글자 오른쪽 윗부분에 탁점(゙)을 붙
인 음을 말한다. だ행의 ぢ·づ는 ざ행의 じ·ず와 발음이 동일하여 현대어에서
는 특별한 경우, 즉 연탁이 되는 경우 이외는 별로 쓰이지 않는다.

が·ガ	ぎ·ギ	ぐ·グ	げ·ゲ	ご·ゴ
가[ga]	기[gi]	구[gu]	게[ge]	고[go]
ざ·ザ	じ·ジ	ず·ズ	ぜ·ゼ	ぞ·ゾ
자[za]	지[ji]	즈[zu]	제[ze]	조[zo]
だ·ダ	ぢ·ヂ	づ·ヅ	で·デ	ど·ド
다[da]	지[ji]	즈[zu]	데[de]	도[do]
ば·バ	び·ビ	ぶ·ブ	べ·ベ	ぼ·ボ
바[ba]	비[bi]	부[bu]	베[be]	보[bo]

☀ 반탁음·半濁音(はんだくおん)

반탁음은 は행의 오른쪽 윗부분에 반탁점(゚)을 붙인 것을 말한다. 반탁음은 우리말의 「ㅍ」과 「ㅃ」의 중간음으로 단어의 첫머리에 올 경우에는 「ㅍ」에 가깝게 발음하고, 단어의 중간이나 끝에 올 때는 「ㅃ」에 가깝게 발음한다.

ぱ·パ	ぴ·ピ	ぷ·プ	ぺ·ペ	ぽ·ポ
파[pa]	피[pi]	푸[pu]	페[pe]	포[po]

☀ 요음·拗音(ようおん)

요음이란 い단 글자 중 자음 「き·し·ち·に·ひ·み·リ·ぎ·じ·び·ぴ」에 작은 글자 「ゃ·ゅ·ょ」를 붙인 음을 말한다. 따라서 「ゃ·ゅ·ょ」는 우리말의 「ㅑ·ㅠ·ㅛ」같은 역할을 한다.

きゃ	しゃ	ちゃ	にゃ	ひゃ	みゃ	りゃ	ぎゃ	じゃ	びゃ	ぴゃ
キャ	シャ	チャ	ニャ	ヒャ	ミャ	リャ	ギャ	ジャ	ビャ	ピャ
캬	샤	챠	냐	햐	먀	랴	갸	쟈	뱌	퍄
きゅ	しゅ	ちゅ	にゅ	ひゅ	みゅ	りゅ	ぎゅ	じゅ	びゅ	ぴゅ
キュ	シュ	チュ	ニュ	ヒュ	ミュ	リュ	ギュ	ジュ	ビュ	ピュ
큐	슈	츄	뉴	휴	뮤	류	규	쥬	뷰	퓨
きょ	しょ	ちょ	にょ	ひょ	みょ	りょ	ぎょ	じょ	びょ	ぴょ
キョ	ショ	チョ	ニョ	ヒョ	ミョ	リョ	ギョ	ジョ	ビョ	ピョ
쿄	쇼	쵸	뇨	효	묘	료	교	죠	뵤	표

☀ 하네루음·はねる音(おと)

はねる音인 「ん」은 단어의 첫머리에 올 수 없으며, 항상 다른 글자 뒤에 쓰여 우리말의 받침과 같은 구실을 한다. 또한 ん 다음에 오는 글자의 영향에 따라 「ㄴ·ㅁ·ㅇ」으로 소리가 난다. (이것은 발음의 편의를 위한 자연스러운 변화이므로 특별히 신경 쓰지 않아도 된다.)

❶ 「ㄴ(n)」으로 발음하는 경우

「さ·ざ·た·だ·な·ら」행의 글자 앞에서는 「ㄴ」으로 발음한다.

かんし	なんじ	はんたい	こんにち
칸시	난지	한따이	곤니찌

❷ 「ㅁ(m)」으로 발음하는 경우

「ば·ぱ·ま」행의 글자 앞에서는 「ㅁ」으로 발음한다.

あんま	けんぶつ	てんぷら	きんむ
암마	켐부쯔	템뿌라	킴무

❸ 「ㅇ(ng)」으로 발음하는 경우

「あ·か·が·や·わ」행의 글자 앞에서는 「ㅇ」으로 발음한다. 또한, 단어의 끝에서도 「ㅇ」으로 발음한다.

れんあい	えんき	ほんや	にほん
렝아이	엥끼	홍야	니홍

☀ 촉음·促音(そくおん)

촉음이란 막힌 소리의 하나로 우리말의 받침과 같은 역할을 하는 것을 말한다. つ를 작은 글자 っ로 표기하여 다른 글자 밑에서 받침으로만 쓰인다. 이 촉음은 하나의 음절을 갖고 있으며, 뒤에 오는 글자의 영향에 따라 「ㄱ·ㅅ·ㄷ·ㅂ」으로 발음한다.

❶ 「ㄱ(k)」으로 발음하는 경우

か행의 글자 앞에서는 「ㄱ」으로 발음한다.

けっか	そっくり	ひっこし	にっき
겍까	속꾸리	힉꼬시	닉끼

❷ 「ㅅ(s)」으로 발음하는 경우

さ행의 글자 앞에서는 「ㅅ」으로 발음한다.

ざっし	ぐっすり	さっそく	ほっさ
잣시	굿스리	삿소꾸	홋사

❸ 「ㄷ(t)」으로 발음하는 경우

た행의 글자 앞에서는 「ㄷ」으로 발음한다.

こっち	きって	おっと	むっつ
곧찌	긷떼	옫또	묻쯔

☞ 본문에서는 「ㄷ」으로 나는 발음은 편의상 「ㅅ」으로 표기하였다.

❹ 「ㅂ(p)」으로 발음하는 경우

ぱ행의 글자 앞에서는 「ㅂ」으로 발음한다.

いっぱい	きっぷ	しっぽ	ほっぺた
입빠이	킵뿌	십뽀	홉뻬따

☀ 장음·長音(ちょうおん)

장음이란 같은 모음이 중복될 때 앞의 발음을 길게 발음하는 것을 말한다. 우리말에서는 장음의 구별이 어렵지만 일본어에서는 이것을 확실히 구분하여 쓴다. 음의 장단에 따라 그 의미가 달라지는 경우가 있으므로 주의해야 한다. 또, カタカナ에서는 장음부호를 「ー」로 표기한다. 이 책의 우리말 장음 표기에서도 편의상 「ー」로 처리하였다.

❶ あ단 글자 다음에 모음 あ가 이어질 때

おばあさん	おかあさん	ばあい
오바ー상	오까ー상	바ー이

❷ い단 글자 다음에 모음 い가 이어질 때

おじいさん	おにいさん	きいろい
오지–상	오니–상	기–로이

❸ う단 글자 다음에 모음 う가 이어질 때

しゅうい	くうき	ふうふ
슈–이	쿠–끼	후–후

❹ え단 글자 다음에 모음 え나 い가 이어질 때

おねえさん	えいが	けいざい
오네–상	에–가	케–자이

❺ お단 글자 다음에 모음 お나 う가 이어질 때

おとうさん	こおり	とおい
오또–상	코–리	토–이

☀ 주요 신자체(新字體)

假 ➔ 仮	單 ➔ 単	辯 ➔ 弁	專 ➔ 専
覺 ➔ 覚	斷 ➔ 断	寶 ➔ 宝	戰 ➔ 戦
擧 ➔ 挙	當 ➔ 当	佛 ➔ 仏	錢 ➔ 銭
檢 ➔ 検	黨 ➔ 党	拂 ➔ 払	轉 ➔ 転
劍 ➔ 剣	對 ➔ 対	澁 ➔ 渋	從 ➔ 従
經 ➔ 経	臺 ➔ 基	續 ➔ 続	晝 ➔ 昼
輕 ➔ 軽	圖 ➔ 図	實 ➔ 実	遲 ➔ 遅
繼 ➔ 継	燈 ➔ 灯	亞 ➔ 亜	參 ➔ 参
鷄 ➔ 鶏	藥 ➔ 薬	兒 ➔ 児	賤 ➔ 賎
關 ➔ 関	來 ➔ 来	嶽 ➔ 岳	鐵 ➔ 鉄
觀 ➔ 観	兩 ➔ 両	壓 ➔ 圧	廳 ➔ 庁
廣 ➔ 広	歷 ➔ 歴	樂 ➔ 楽	體 ➔ 体
敎 ➔ 教	戀 ➔ 恋	與 ➔ 与	總 ➔ 総
區 ➔ 区	禮 ➔ 礼	驛 ➔ 駅	醉 ➔ 酔
毆 ➔ 殴	勞 ➔ 労	榮 ➔ 栄	齒 ➔ 歯
國 ➔ 国	綠 ➔ 緑	藝 ➔ 芸	寢 ➔ 寝
勸 ➔ 勧	龍 ➔ 竜	譽 ➔ 誉	學 ➔ 学
氣 ➔ 気	萬 ➔ 万	醫 ➔ 医	漢 ➔ 漢
惱 ➔ 悩	賣 ➔ 売	雜 ➔ 雑	歡 ➔ 歓
腦 ➔ 脳	發 ➔ 発	將 ➔ 将	劃 ➔ 画

인사의 표현

우리는 아는 사람을 만났을 때 일상적으로 쓰는 말이 '안녕하세요?'이지만, 일본어에서는 영어에서처럼 아침(おはようございます), 낮(こんにちは), 저녁(こんばんは) 인사를 구분하여 쓰고 있습니다. 친한 사이라면 아침에 만났을 때 おはよう라고만 해도 무방하며, 더욱 줄여서 オッス라고도 합니다.

Q : **안녕하세요.**
Hi!

こんにちは。
곤니찌와

A : **안녕하세요.**
Hello!

こんにちは。
곤니찌와

🛄 **안녕하세요.**
Good morning(afternoon, evening).

おはようございます。(こんにちは、こんばんは)
오하요-고자이마스　　　(곤니찌와, 곰방와)

🛄 **잘 지내셨습니까?**
How are you?

お元気ですか。
오겡끼데스까

📢 **안녕하세요?**
Good morning. Good afternoon. Good evening.

おはよう。こんにちは。こんばんは。
오하요– 　　곤니찌와 　　　곰방와

📢 **잘 지냅니다. 당신은요?**
Fine thank you. And you?

元気です。あなたは?
겡끼데스 　　아나따와

📢 **처음 뵙겠습니다.**
Nice to meet you.

はじめまして。
하지메마시떼

📢 **저 역시 만나서 반갑습니다.**
Nice to meet you, too.

こちらこそ、お会いできてうれしいです。
고찌라꼬소, 　　오아이데끼떼 우레시–데스

📢 **안녕히 계십시오(가십시오).**
Goodbye.

さようなら。
사요–나라

📢 **내일 또 만납시다.**
See you tomorrow.

また、明日会いましょう。
마따, 　아시따 아이마쇼–

📢 **한국에서 다시 만납시다.**
See you in Korea.

韓国でまた会いましょう。
캉꼬꾸데 마따 아이마쇼–

UNIT 02

감사의 표현

일본어에서 흔히 쓰이는 감사의 표현으로 ありがとうございます가 있습니다.
친근한 사이라면 ございます를 생략하고 ありがとう만으로 표현해도 무방하
며, 간편하게 말할 때는 '매우, 무척'이라는 뜻을 가진 부사어 どうも만을 쓰
기도 합니다.

Q : **감사합니다.**
Thank you.

ありがとうございます。
아리가또-고자이마스

A : **천만에요.**
You're welcome.

どういたしまして。
도- 이따시마시떼

🧳 **고마워요.**
Thanks.

ありがとう。
아리가또-

🧳 **대단히 감사합니다.**
Thank you very much.

どうもありがとうございました。
도-모 아리가또- 고자이마시다

🔊 **감사드립니다.**
I appreciate it.
感謝いたします。
칸샤 이따시마스

🔊 **친절에 감사드립니다.**
Thank you for your kindness.
ご親切にどうも。
고신세쯔니 도-모

🔊 **도와주셔서 감사드립니다.**
Thank you for your help.
助けてくれてありがとうございました。
다스께떼 구레떼 아리가또- 고자이마시다

🔊 **여러모로 감사드립니다.**
Thank you for everything.
いろいろとありがとうございました。
이로이로또 아리가또 고자이마시다

🔊 **진심으로 감사드립니다.**
Heartily, thank you.
心からありがとうございました。
고꼬로까라 아리가또- 고자이마시다

🔊 **신세가 많았습니다.**
You were a big help.
お世話になりました。
오세와니 나리마시다

🔊 **천만에요.**
You're welcome.
どういたしまして。
도-이따시마시떼

63

UNIT
03

사과의 표현

일본어의 대표적인 사죄 표현으로는 すみません과 ごめんなさい가 있습니다. 남성들은 주로 すみません이나 失礼しました로 사죄를 표현하고, 여성들은 ごめんなさい를 씁니다. 더욱 정중하게 사죄를 표현할 때는 申し訳ありませ ん이라고 하며, 상대에게 용서를 구할 때는 許してください라고 합니다.

Q : 미안합니다.
I'm sorry.

すみません。
스미마셍

A : 괜찮습니다.
That's all right.

いいですよ。
이-데스요

🔊 정말로 죄송합니다.
I'm really sorry.
本当にすみませんでした。
혼또-니 스미마센데시다

🔊 늦어서 미안합니다.
I'm sorry I'm late.
遅くなってすみません。
오소꾸 낫떼 스미마셍

🔊 **실례합니다(실례했습니다).**
Excuse me.
失礼しました。
시쯔레–시마시다

🔊 **제가 잘못했습니다.**
It's my fault.
私が悪かったのです。
와따시가 와루깟따노데스

🔊 **제 잘못이 아닙니다.**
That's not my fault.
私のせいではありません。
와따시노 세–데와 아리마셍

🔊 **용서하십시오.**
Please forgive me.
許してください。
유루시떼 구다사이

🔊 **폐를 끼쳐드렸습니다.**
I'm sorry to trouble you.
ご迷惑をおかけしました。
고메–와꾸오 오카께시마시다

🔊 **걱정하지 마십시오.**
Don't worry.
ご心配なく。
고심빠이나꾸

🔊 **신경 쓰지 마십시오.**
No problem.
気にしないでください。
기니 시나이데 구다사이

UNIT 04

응답의 표현

상대의 질문이나 의문에 대한 긍정의 감탄사로는 はい→ええ→うん이 있으며, 부정의 감탄사로는 いいえ→いや→ううん이 있습니다. 이것은 화살표 순으로 존경의 경중을 나타낸 것입니다. 또한 다른 사람의 말을 긍정할 때는 そうです, 부정할 때는 ちがいます라고 합니다.

Q : **커피 더 드시겠습니까?**
More coffee?

コーヒー、もう一杯いかがですか。
코-히-,　　모- 입빠이 이까가데스까

A : **예, 주십시오.**
Yes, please.

はい、どうも。
하이,　　도-모

🛄 **예. / 아니오.**
Yes. / No.

はい。/ いいえ。
하이　/ 이-에

🛄 **예, 그렇습니다.**
Yes, it is.

はい、そうです。
하이,　　소-데스

🔊 **아니오, 그렇지 않습니다.**
No, it isn't.

いいえ、そうではありません。
이-에,　소-데와 아리마셍

🔊 **예, 고마워요.**
Yes, thank you.

はい、ありがとう。
하이,　아리가또-

🔊 **아니오, 괜찮습니다.**
No, thank you.

いいえ、結構です。
이-에,　겍꼬-데스

🔊 **맞습니다.**
That's right.

そのとおりです。
소노 도-리데스

🔊 **알겠습니다.**
I understand.

わかりました。
와까리마시다

🔊 **모르겠습니다.**
I don't know.

わかりません。
와까리마셍

🔊 **틀림없습니다.**
That's correct.

間違いありません。
마치가이 아리마셍

UNIT
05

되물음의 표현

일본어로 상대와 대화를 하다 보면 말이 빨라서, 혹은 모르는 단어가 있거나, 여러 가지 이유로 인해 제대로 이해하지 못할 경우가 있기 마련입니다. 따라서 모르는 말이 나왔을 때는 何と言いましたか。(뭐라고 했습니까?), 다시 말해 달라고 할 때는 もう一度おっしゃってください。(다시 한번 말씀해 주세요.)라고 하면 됩니다.

Q : 저도 여기는 처음입니다.
I'm new here too.
ここは私も初めてです。
고꼬와 와따시모 하지메떼데스

A : 예, 뭐라고요?
Pardon me?
ええ、何と言いましたか。
에-, 난또 이-마시다까

🗣 뭐라고 하셨습니까?
What did you say?
何とおっしゃいましたか。
난또 옷샤이마시다까

🗣 다시 한번 말씀해 주시겠습니까?
Could you say that again?
もう一度おっしゃってくださいませんか。
모- 이찌도 옷샤떼 구다사이마셍까

🔊 좀 더 천천히 말씀해 주십시오.
Please speak more slowly.

もっとゆっくり言ってください。
못또 육꾸리 잇떼 구다사이

🔊 뭐라고요?
What?

何ですって。
난데슷떼

🔊 그건 무슨 뜻입니까?
What does it mean?

それはどういう意味ですか。
소레와 도-이우 이미데스까

🔊 이건 어떻게 발음합니까?
How do you pronounce it?

これはどう発音しますか。
고레와 도-하쯔온시마스까

🔊 제가 말하는 것을 알겠습니까?
Do you understand me?

私の言っていることがわかりますか。
와따시노 잇떼이루 고또가 와까리마스까

🔊 써 주십시오.
Write it down, please.

書いてください。
가이떼 구다사이

🔊 간단히 설명해 주세요.
Please explain briefly

簡単に説明してください。
간딴니 세쯔메-시떼 구다사이

UNIT

구체적인 질문 표현

회화의 대부분은 질문과 답변으로 이루어졌다고 해도 과언이 아닙니다. 의문이나 질문을 나타내는 조사로는 か가 있으며, 그 밖에 친분이나 상하, 또는 남녀에 따라 ね, わ, の, い 등이 쓰입니다. なに는 '무엇'이라는 뜻의 의문사로 뒤에 수량을 나타내는 말이 오면 '몇'이라는 뜻으로 쓰입니다.

Q : 이건 무엇입니까?
What's this?
これは何ですか。
고레와 난데스까

A : 한국 인스턴트 식품입니다.
It's Korean instant foods.
韓国のインスタント食品です。
캉꼬꾸노 인스탄또 쇼꾸힌데스

🔊 이건 무엇에 쓰는 것입니까?
What's this for?
これは何に使うのですか。
고레와 나니니 쓰까우노데스까

🔊 저 빌딩은 무엇입니까?
What's that building?
あのビルは何ですか。
아노 비루와 난데스까

🔊 이름이 뭡니까?
What's your name?
お名前は何ですか。
오나마에와 난데스까

🔊 그건 뭡니까?
What's that?
それは何ですか。
소레와 난데스까

🔊 무얼 찾고 있습니까?
What are you looking for?
何をお探しですか。
나니오 오사가시데스까

🔊 무슨 일을 하십니까?
What do you do?
お仕事は何ですか。
오시고또와 난데스까

🔊 전화번호는 몇 번입니까?
What's your phone number?
電話番号は何番ですか。
뎅와방고-와 남반데스까

🔊 이것이 무엇인지 아십니까?
Do you know what this is?
これは何かご存じですか。
고레와 나니까 고존지데스까

🔊 지금 무엇을 하고 있습니까?
What are doing now?
今、何をしていますか。
이마, 나니오 시떼 이마스까

UNIT

07

장소에 관한 표현

장소를 물을 때는 どこですか。(어디입니까?), 방향을 물을 때는 どちらですか。(어느 쪽입니까?), 사물을 물을 때는 どれですか。(어느 것입니까?)라고 합니다. 사람을 물을 때는 だれですか。(누구입니까?)라고 하고 정중하게 どなたですか。(누구십니까?)라고 하면 됩니다.

Q : 화장실은 어디입니까?
Where's the rest room?

トイレはどこですか。
토이레와 도꼬데스까

A : 입구 근처에 있습니다.
It's by the entrance.

入口の近くにあります。
이리구찌노 치까꾸니 아리마스

🧳 여기는 어디입니까?
Where are we?

ここはどこですか。
고꼬와 도꼬데스까

🧳 어디에서 오셨습니까?
Where are you from?

どこからいらっしゃいましたか。
도꼬까라 이랏샤이마시다까

📖 면세점은 어디에 있습니까?

Where's the duty - free shop?

免税店はどこですか。

멘제-뗑와 도꼬데스까

📖 입구는 어디입니까?

Where's the entrance?

入口はどこですか。

이리구찌와 도꼬데스까

📖 그건 어디서 살 수 있습니까?

Where can I buy it?

それはどこで買えますか。

소레와 도꼬데 가에마스까

📖 버스정류장은 어디입니까?

Where's the bus stop?

バス停はどこですか。

바스떼-와 도꼬데스까

📖 저는 이 지도의 어디에 있습니까?

Where am I on this map?

私はこの地図のどこにいるのですか。

와따시와 고노 치즈노 도꼬니 이루노데스까

📖 어디에서 얻을 수 있습니까?

Where can I get it?

どこで受け取れますか。

도꼬데 우께또레마스까

📖 어디 출신입니까?

Where are you from?

出身はどちらですか。

슛싱와 도찌라데스까

73

UNIT

08

정도의 표현

물건값을 물을 때 쓰이는 의문사로는 いくら(얼마)가 있습니다. 수량을 물을 때는 いくつ(몇 개), 방법이나 수단을 물을 때는 どのように(어떻게), 원인이나 이유를 물을 때는 どうして(왜, 어째서), 날짜나 시간을 물을 때는 いつ(언제) 등이 있습니다. 몇 가지 표현을 익혀두면 여러 장면에서 많은 도움이 될 것입니다.

Q : 얼마입니까?
How much is it?

いくらですか。
이꾸라데스까

A : 13,000엔입니다.
It's Yen 13,000.

<ruby>一万三千円<rt>いち まん さん ぜん えん</rt></ruby>です。
이찌만 산젱엔데스

🛒 **입장료는 얼마입니까?**
How much is it to get in?

<ruby>入場料<rt>にゅうじょうりょう</rt></ruby>はいくらですか。
뉴-죠-료-와 이꾸라데스까

🛒 **공항까지 얼마입니까?**
How much is it to the airport?

<ruby>空港<rt>くうこう</rt></ruby>までいくらですか。
쿠-꼬-마데 이꾸라데스까

74

🕮 **이 넥타이는 얼마입니까?**
How much is this tie?

このネクタイはいくらですか。
고노 네꾸따이와 이꾸라데스까

🕮 **얼마입니까?**
How much does it cost?

いくらですか。
이꾸라 데스까

🕮 **박물관까지 얼마나 됩니까? (거리)**
How far is it to the museum?

博物館までどのくらいありますか。
하꾸부쯔깜마데 도노쿠라이 아리마스까

🕮 **역까지 얼마나 걸립니까?**
How long does it take to the station?

駅までどのくらいかかりますか。
에끼마데 도노쿠라이 가까리마스까

🕮 **자리는 몇 개 비어 있습니까?**
How many seats are available?

席はいくつ空いていますか。
세끼와 이꾸쯔 아이떼 이마스까

🕮 **몇 살입니까?**
How old are you?

おいくつですか。
오이꾸쯔데스까

🕮 **몇 분이십니까?**
For how many people, please.

何名様ですか。
남메ー사마데스까

유무에 관한 표현

해외여행의 여러 장면에서 이 질문을 할 경우가 많습니다. ~はありますか는 사물의 존재 여부를 물을 때 쓰며, ~はいますか는 생물의 존재 여부를 물을 때 씁니다. 백화점이나 레스토랑 등에서 자신이 갖고 싶은 것, 사고 싶은 것, 먹고 싶은 것이 있는지 없는지를 묻는 데 편리한 표현입니다.

Q : 필름은 있습니까?
Do you have any film?

フィルムはありますか。
휘루무와 아리마스까

A : 네. 여기 있습니다.
Yes. right here.

はい。ここにございます。
하이.   고꼬니 고자이마스

🧳 2인석은 있습니까?
Do you have a table for two?
二人分の席はありますか。
후따리분노 세끼와 아리마스까

🧳 오늘 밤, 빈방은 있습니까?
Do you have a room for tonight?
今晩、空き部屋はありますか。
곰방,   아끼베야와 아리마스까

📕 좀 더 큰 것은 있습니까?

Do you have a larger one?

もっと大きいのはありますか。

못또 오-끼-노와 아리마스까

📕 흰색 셔츠는 있습니까?

Do you have any shirt in white?

白いシャツはありますか。

시로이 샤쓰와 아리마스까

📕 관광지도는 있습니까?

Do you have a sightseeing map?

観光地図はありますか。

캉꼬-치즈와 아리마스까

📕 야간관광은 있나요?

Do you have a night tour?

ナイトツアーはありますか。

나이또쓰아-와 아리마스까

📕 공중전화는 있나요?

Do you have a payphone?

公衆電話はありますか。

코-슈-뎅와 아리마스까

📕 단체할인은 있습니까?

Do you have a group discount?

団体割引はありますか。

단따이와리비끼와 아리마스까

📕 네, 여기 있습니다.

Yes. right here.

はい。ここにございます。

하이 고꼬니 고자이마스

의뢰에 관한 표현

특히 부탁이나 의뢰를 거절할 때는 상대의 마음을 배려해야 하므로 일정한 기술이 필요합니다. 쾌히 승낙할 때는 いいですとも나 喜んで를 사용하며, 거절할 때는 ごめんなさい를 쓰며, 상대를 배려하여 残念ですが라고 말을 꺼낸 뒤 거절을 하는 이유를 설명하면 됩니다.

Q : 마실 것은 무얼로 하시겠습니까?
What would you like to drink?

お飲み物は何にしますか。
오노미모노와 나니니 시마스까

A : 커피 주세요.
Coffee, please.

コーヒーをお願いします。
코-히-오 오네가이시마스

🗨 계산을 부탁합니다.
Check, please.

お勘定をお願いします。
오깐죠-오 오네가이시마스

🗨 도와주시겠습니까?
Can you help me?

助けていただけますか。
다스께떼 이따다께마스까

📖 부탁이 있는데요.
Could you do me a favor?
お願いがあるんですが。
오네가이가 아룬데스가

📖 이걸 하나 주세요.
Can I have a this one?
これを一つください。
고레오 히또쯔 구다사이

📖 지금 어디에 있는지 가르쳐 주세요.
Could you show me where I am now?
今どこにいるか教えてください。
이마 도꼬니 이루까 오시에떼 구다사이

📖 주문 부탁합니다.
Order, please.
ご注文、お願いします。
고츄—몽, 오네가이시마스

📖 맥주를 주시겠어요?
Can I have a beer?
ビールをくれますか。
비—루오 구레마스까

📖 이걸 주세요.
I'll take it.
これをください。
고레오 구다사이

📖 주문 부탁합니다.
Order, please.
オーダーをお願いします。
오—다—오 오네가이시마스

UNIT

11

허락에 관한 표현

상대에게 실례가 되는 행동을 하기 전에 먼저 양해를 얻어 행하는 것이 도리입니다. 먼저 허가나 허락을 구하기 전에 失礼ですが나 すみませんが 등으로 서두를 꺼낸 다음 말을 이어나가도록 합시다. 일본어의 허가나 허락을 구하는 대표적인 표현으로는 …てもいいですか 또는 …てもかまいませんか가 있습니다.

Q : 사진을 찍어도 됩니까?
May I take a picture here?

写真を撮ってもいいですか。

샤싱오 돗떼모 이-데스까

A : 예, 괜찮습니다.
Yes, you may.

はい、かまいません。

하이、　가마이마셍

여기에 앉아도 됩니까?
May I sit here?

ここに座ってもいいですか。

고꼬니 스왓떼모 이-데스까

안으로 들어가도 되겠습니까?
May I come in?

中に入ってもいいですか。

나까니 하잇떼모 이-데스까

80

🛎 여기서 담배를 피워도 됩니까?

May I smoke here?

ここでタバコを吸ってもいいですか。

고꼬데 다바꼬오 슷떼모 이-데스까

🛎 창문을 열어도 되겠습니까?

May I open the window?

窓を開けてもいいですか。

마도오 아께떼모 이-데스까

🛎 잠깐 여쭤도 될까요?

May I ask you something?

ちょっとうかがってもいいですか。

춋또 우까갓떼모 이-데스까

🛎 방을 봐도 되겠습니까?

Can I see the room?

部屋を見てもいいですか。

헤야오 미떼모 이-데스까

🛎 이것을 가져가도 됩니까?

Can I take this?

これを持ってきてもいいですか。

고레오 못떼기떼모 이-데스까

🛎 카드로 지불해도 됩니까?

Can I pay in credit card?

カードで支払ってもいいですか。

카-도데 시하랏떼모 이-데스까

🛎 담배를 피워도 괜찮겠습니까?

May I smoke?

タバコを吸ってもかまいませんか。

다바꼬오 숫떼모 가마이마셍까

Travel Japanese

UNIT

12

긴급상황 시의 표현

여행지에서 곤란한 상황에 부딪치거나 하면 우선 옆에 있는 사람에게 곤란한 상황을 전하도록 합시다. 그러면 해결의 실마리를 찾을 수 있을 겁니다.
여기에 적힌 회화 예문은 가장 필요한 것만을 모은 것으로, 가능하면 모두 암기해서 여행을 떠나도록 합시다.

Q : 급합니다.
I'm in a hurry.
急いでいるんです。
이소이데 이룬데스

A : 최선을 다하겠습니다.
I'll do my best.
できるだけのことはします。
데끼루다께노 고또와 시마스

📖 긴급사태입니다.
I have an emergency.
緊急事態なんです。
깅뀨-지따이난데스

📖 도와줘요(살려줘요)!
Help! / Help me!
助けて!
다스께떼

82

🔊 그만둬!
Stop it!

やめて!
야메떼

🔊 도둑이야, 서!
Stop, thief!

どろぼう、止まれ!
도로보-, 도마레

🔊 저 사람, 잡아요!
Get him!

あの人を捕まえて!
아노 히또오 쓰까마에떼

🔊 경찰을 불러요!
Call the police!

警察を呼んで!
케-사쯔오 욘데

🔊 움직이지 마!
Hold it!

動くな!
우고꾸나

🔊 손들어!
Hands up!

手をあげろ!
테오 아게로

🔊 여기서 나가!
Get out of here!

ここから出て行け!
고꼬까라 데떼 이께

83

사물·장소·방향을 나타내는 단어	
이것	これ 고레
그것	それ 소레
저것	あれ 아레
어느 것	どれ 도레
여기	ここ 고꼬
거기	そこ 소꼬
저기	あそこ 아소꼬
어디	どこ 도꼬
이쪽	こちら · こっち 고찌라 · 곳찌
그쪽	そちら · そっち 소찌라 · 솟찌
저쪽	あちら · あっち 아찌라 · 앗찌
어느 쪽	どちら · どっち 도찌라 · 돗찌

사람을 가리킬 때 쓰이는 단어	
저	私(わたくし) 와따꾸시
저, 나	私(わたし) 와따시
나(남자)	僕(ぼく) 보꾸
나(거만한 표현)	俺(おれ) 오레
당신	あなた 아나따
자네, 너	君(きみ) 기미
너	お前(まえ) 오마에
씨, 양	さん 상
이분	この方(かた) 고노카따
그분	その方(かた) 소노카따
저분	あの方(かた) 아노카따
어느 분	どの方(かた) 도노카따
누구	誰(だれ) 다레
어느 분	どなた 도나따
그, 그이	彼(かれ) 가레
그녀	彼女(かのじょ) 가노죠

84

방향을 나타내는 단어

위	上(うえ) 우에
가운데	中(なか) 나까
아래	下(した) 시따
오른쪽	右(みぎ) 미기
왼쪽	左(ひだり) 히다리
동쪽	東(ひがし) 히가시
서쪽	西(にし) 니시
남쪽	南(みなみ) 미나미
북쪽	北(きた) 기따
앞	前(まえ) 마에
뒤	後(うし)ろ 우시로
옆·가로	横(よこ) 요꼬

때를 나타내는 단어

그제	一昨日(おととい) 오또또이
어제	昨日(きのう) 키노-
오늘	今日(きょう) 쿄-
내일	明日(あした) 아시따
모레	明後日(あさって) 아삿떼
매일	毎日(まいにち) 마이니찌
지난주	先週(せんしゅう) 센슈-
금주	今週(こんしゅう) 콘슈-
다음 주	来週(らいしゅう) 라이슈-
매주	毎週(まいしゅう) 마이슈-
지난달	先月(せんげつ) 셍게쯔
이번 달	今月(こんげつ) 콩게쯔
다음 달	来月(らいげつ) 라이게쯔
매월	毎月(まいげつ) 마이게쯔
작년	去年(きょねん) 쿄넹
금년	今年(ことし) 코토시
내년	来年(らいねん) 라이넹
매년	毎年(まいねん) 마이넹

월을 나타내는 단어

1월	一月(いちがつ) 이찌가쯔
2월	二月(にがつ) 니가쯔
3월	三月(さんがつ) 상가쯔
4월	四月(しがつ) 시가쯔
5월	五月(ごがつ) 고가쯔
6월	六月(ろくがつ) 로꾸가쯔
7월	七月(しちがつ) 시찌가쯔
8월	八月(はちがつ) 하찌가쯔
9월	九月(くがつ) 쿠가쯔
10월	十月(じゅうがつ) 쥬-가쯔
11월	十一月(じゅういちがつ) 쥬-이찌가쯔
12월	十二月(じゅうにがつ) 쥬-니가쯔

요일을 나타내는 단어

일요일	日曜日(にちようび) 니찌요-비
월요일	月曜日(げつようび) 게쯔요-비
화요일	火曜日(かようび) 카요-비
수요일	水曜日(すいようび) 스이요-비
목요일	木曜日(もくようび) 모꾸요-비
금요일	金曜日(きんようび) 킹요-비
토요일	土曜日(どようび) 도요-비

고유어 숫자

하나	一(ひと)つ 히또쯔
둘	二(ふた)つ 후따쯔
셋	三(みっ)つ 밋쯔
넷	四(よっ)つ 욧쯔
다섯	五(いつ)つ 이쯔쯔
여섯	六(むっ)つ 뭇쯔
일곱	七(なな)つ 나나쯔
여덟	八(やっ)つ 얏쯔
아홉	九(ここの)つ 고꼬노쯔
열	十(とお) 도-
몇 개	いくつ 이꾸쯔

숫자 읽기

1. 일	一(いち) 이찌	
2. 이	二(に) 니	
3. 삼	三(さん) 상	
4. 사	四(し・よん) 시・용	
5. 오	五(ご) 고	
6. 육	六(ろく) 로꾸	
7. 칠	七(しち・なな) 시찌・나나	
8. 팔	八(はち) 하찌	
9. 구	九(きゅう・く) 큐ー・쿠	
10. 십	十(じゅう) 쥬ー	
20. 이십	二十(にじゅう) 니쥬ー	
30. 삼십	三十(さんじゅう) 산쥬ー	
40. 사십	四十(よんじゅう) 욘쥬ー	
50. 오십	五十(ごじゅう) 고쥬ー	
60. 육십	六十(ろくじゅう) 로꾸쥬ー	
70. 칠십	七十(ななじゅう) 나나쥬ー	
80. 팔십	八十(はちじゅう) 하찌쥬ー	
90. 구십	九十(きゅうじゅう) 큐ー쥬ー	
100. 백	百(ひゃく) 햐꾸	
200. 이백	二百(にひゃく) 니햐꾸	
300. 삼백	三百(さんびゃく) 삼뱌꾸	
400. 사백	四百(よんひゃく) 용햐꾸	
500. 오백	五百(ごひゃく) 고햐꾸	
600. 육백	六百(ろっぴゃく) 롭빠꾸	
700. 칠백	七百(ななひゃく) 나나햐꾸	
800. 팔백	八百(はっぴゃく) 합빠꾸	
900. 구백	九百(きゅうひゃく) 큐ー햐꾸	
1,000. 천	千(せん) 셍	
3,000. 삼천	三千(さんぜん) 산젱	
10,000. 만	一万(いちまん) 이찌망	
1,000,000. 백만	百万(ひゃくまん) 햐꾸망	

머리 頭(あたま) 아따마

눈썹 眉(まゆ) 마유

이마 額(ひたい) 히따이

눈 目(め) 메

코 鼻(はな) 하나

입 口(くち) 쿠찌

귀 耳(みみ) 미미

목 首(くび) 쿠비

목구멍 喉(のど) 노도

어깨 肩(かた) 카따

가슴 胸(むね) 무네

팔꿈치 指(ひじ) 히지

배 腹(はら) 하라

손목 手首(てくび) 테꾸비

허리 腰(こし) 코시

손 手(て) 테

아랫배
下腹部(かふくぶ)
카후꾸부

손가락 指(ゆび) 유비

배꼽 臍(へそ) 헤소

엉덩이 尻(しり) 시리

무릎 膝(ひざ) 히자

허벅다리 腿(もも) 모모

다리 足(あし) 아시

발목 足首(あしくび) 아시꾸비

발끝 爪先(つまさき) 쓰마사끼

PART

2

출입국

출입국에 관한 정보

☀ 입국수속

일본이나 우리나라나 출입국 절차는 거의 같다고 보면 된다. 일본의 공항에 도착하면 비행기에서 내려 공항 청사로 들어선다. 청사에 들어서면 입국심사를 받게 된다. 입국심사 후 수화물을 챙기고 세관을 거쳐 나오면 입국 절차는 끝난다.

☀ 입국심사

여러 개의 입국심사대 중에서 외국인이라고 표시되어 있는 입국심사대로 가서 심사관에게 비행기에서 미리 기재해둔 출입국 카드를 제출하면 일본에 온 목적, 체류기간, 여행비용, 돌아갈 비행기표, 숙소 등을 질문하고 확인하는 절차를 거치게 된다. 여행 목적은 대개 여행이라고 답하면 되고 체류기간은 15일 이내에서 적절히 말하면 입국 허가 스탬프를 찍어준다.

☀ 입국심사를 받을 때 주의할 점

어느 공항이든 국외에서 들어오는 경우는 마찬가지지만, 비행기 안에서 입국 카드를 작성하게 된다. 일본 출입국 카드는 반드시 한자나 영어로 작성해야 하며 일본 방문의 목적을 명확하게 기록하는 것이 좋다. 특히 일본에서 첫날 묵을 호텔이나 숙박지의 주소를 정확히 기입하는 것은 필수이다. 자신이 머물 숙소를 정확히 적지 않으면 이것저것 질문이 많아질 수 있는 데다 최악의 경우에는 강제출국 조치가 떨어질 수도 있다.

그리고 출입국 카드의 서명란에는 반드시 여권에 한 것과 동일한 서명을 하도록 한다. 최근에는 한국인 여행자들이 많아져서 출입국 요원도 아주 간단한 한국어는 할 줄 아는 경우도 있지만, 대개는 한국어를 모르기에 영어로 밀어붙이는 것이 좋다.

☀ 세관검사

자신의 짐을 다 찾은 후에는 세관 카운터 앞으로 가서 직원에게 짐과 여권을 건네준다. 배낭을 든 여행자의 경우에는 대부분 그냥 통과할 수 있다. 세관 신고 때 짐을 열어보는 경우는 거의 없지만, 만약 과세 대상이 있어도 신고를 하지 않았다가 적발될 경우에는 압류를 당하거나 무거운 벌금을 물게 되므로 주의한다.

☀ 귀국 시 면세반입 한도

– 해외나 국내 면세점에서 구입하여 반입하는 물품 총액이 800달러 이하
– 주류 2병(합산 2리터 이하, 400달러 이하), 담배 1보루(200개비) ; 단 19세 미만은 제외
– 향수 60㎖ 이하

☀ 도쿄로 가는 공항

도쿄에 갈 때 이용할 수 있는 공항은 하네다공항과 나리타공항 두 개다. 하네다공항의 과부하를 막기 위해 나리타공항이 국제선을 가져가면서, 한국에서 도쿄를 갈 때 나리타공항을 이용해야 했으나, 일본 타 지역에서 도쿄로 와 국제선을 환승하는 사람의 불편이 증가하면서 다시 하네다공항에 국제선이 들어왔고, 한국에서도 하네다로 들어갈 수 있게 되었다. 우리나라에서 도쿄로 가기 위해서는 주로 인천–나리타 혹은 김포–하네다 구간을 이용하게 된다. 김포–하네다는 국내선 위주의 공항이므로 출입국 수속이 빠르며, 도쿄 도심으로의 접근성도 하네다공항이 더 좋아 시간을 절약할 수 있다는 장점이 있다. 인천–나리타는 김포–하네다에 비해 비행비용이 저렴한 것이 장점이다. 나리타에서 도쿄 시내로 들어가기 위해서는 버스나 전철 등 추가 교통편을 이용해야 하는데 JR의 나리타 익스프레스나 게이세이 스카이라이너 등이 자주 이용된다.

UNIT
01

기내에서

출국심사를 마치고 비행기에 탑승하면 이제 한국 땅을 떠나게 됩니다. 국제선의 기내는 그 항공사가 소속하는 나라의 영토 취급을 합니다. 한국 출발의 외국 항공회사(airline/carrier)의 편(flight)에는 대개 한국인 승무원이 탑승하고 있어서 말이 통하지 않아 불편한 점은 그다지 없습니다.

_____ 을(를) 주세요.
_____ please.
_____ をください。
　　　　　　　　　　　　　 오 구다사이

□	커피	coffee	コーヒー	코-히-
□	홍차	tea	紅茶	코-챠
□	오렌지주스	orange juice	オレンジジュース	오렌지쥬-스
□	맥주	a beer	ビール	비-루

Q : (항공권을 보이며) 제 좌석은 어디인가요?
Where's my seat?
私の席はどこでしょうか。
와따시노 세끼와 도꼬데쇼-까

A : 이쪽 통로입니다.
In this aisle.
こちらの通路です。
고찌라노 쓰-로 데스

좌석을 찾을 때

🛫 (탑승권을 보이며) 12B 좌석은 어디입니까?
Where is seat 12(twelve) B?

12Bの席はどこですか。
쥬-니비노 세끼와 도꼬데스까

🛫 여기는 제 자리인데요.
I think this is my seat.

ここは私の席ですが。
고꼬와 와따시노 세끼데스가

🛫 여기에 앉아도 되겠습니까?
Can I here?

ここに座ってもいいですか。
고꼬니 스왓떼모 이-데스까

🛫 (옆 사람에게) 자리를 바꿔 주시겠습니까?
Could I change seats?

席を替わっていただけますか。
세끼오 가왓떼 이따다께마스까

🛫 저기 빈자리로 옮겨도 되겠습니까?
Could I move to an empty seat over there?

向こうの空いている席に移動してもいいですか。
무꼬-노 아이떼이루 세끼니 이도-시떼모 이-데스까

🛫 잠깐 지나가겠습니다.
May I go through?

ちょっと通してください。
촛또 도-시떼 구다사이

🎵 음료는 뭐가 좋겠습니까?
What would you like to drink?
お飲み物は何がいいですか。
오노미모노와 나니가 이-데스까

🎵 어떤 음료가 있습니까?
What kind of drinks do you have?
どんな飲み物がありますか。
돈나 노미모노가 아리마스까

🎵 콜라는 있습니까?
Do you have coke?
コーラはありますか。
코-라와 아리마스까

🎵 맥주를 주시겠습니까?
Can I have a beer?
ビールをいただけますか。
비-루오 이따다께마스까

🎵 베개와 모포를 주세요
May I have a pillow and a blanket, please?
枕と毛布をください。
마꾸라또 모-후오 구다사이

🎵 한국어 신문(잡지)은 있습니까?
Do you have any Korean newspapers(magazines)?
韓国語の新聞(雑誌)はありますか。
캉꼬꾸고노 심붕(잣시)와 아리마스까

🛎 식사는 언제 나옵니까?

What time do you serve the meal?

食事はいつ出ますか。

쇼꾸지와 이쯔 데마스까

🛎 소고기와 닭고기가 있는데, 어느 것으로 하시겠습니까?

Would you like beef or chicken?

牛肉と鶏肉、どちらになさいますか。

규ー니꾸또 도리니꾸, 도찌라니 나사이마스까

🛎 소고기로 주세요.

Beef, please.

牛肉をお願いします。

규ー니꾸오 오네가이시마스

🛎 식사는 필요 없습니다.

I don't feel like eating dinner.

食事は要りません。

쇼꾸지와 이리마셍

🛎 식사는 다 하셨습니까?

Are you through with your meal?

食事はお済みですか。

쇼꾸지와 오스미데스까

🛎 잘 먹었습니다.

I enjoyed it. Thank you.

ごちそうさま

고찌소ー사마

입국카드 작성과 면세품 구입

🛄 **이것은 입국카드입니까?**
Is this the immigration form?

これは入国カードですか。
고레와 뉴-꼬꾸 카-도데스까

🛄 **이 서류 작성법을 가르쳐 주시겠어요?**
Could you tell me how to fill in this form?

この書類の書き方を教えてください。
고노 쇼루이노 가키까따오 오시에떼 구다사이

🛄 **기내에서 면세품을 판매합니까?**
Do you sell tax - free goods on the flight?

免税品を機内販売していますか。
멘제-힝오 기나이 함바이 시떼 이마스까

🛄 **어떤 담배가 있습니까?**
What cigarettes do you have?

どんなタバコがありますか。
돈나 다바꼬가 아리마스까

🛄 **(면세품 사진을 가리키며) 이것은 있습니까?**
Do you have this?

これはありますか。
고레와 아리마스까

🛄 **한국 돈은 받습니까?**
Do you accept Korean won?

韓国ウォンは受け取りますか。
캉꼬꾸 원와 우께또리마스까

몸이 불편하거나 궁금한 사항을 물을 때

🛫 비행기 멀미약은 있습니까?

Do you have medicine for air - sickness?

飛行機酔いの薬はありますか。

히꼬-끼요이노 구스리와 아리마스까

🛫 좀 몸이 불편합니다. 약을 주시겠어요?

I feel a little sick. Can I have some medicine?

少し気分が悪いのです。何か薬をください。

스꼬시 기붕가 와루이노데스. 낭까 구스리오 구다사이

🛫 추운(더운)데요.

I feel chilly(hot).

寒い(暑い)のですが。

사무이(아쯔이)노데스가

🛫 아까 부탁한 물이 아직 안 나왔습니다.

Excuse me, I didn't get the water I asked for.

先ほど頼んだ水がまだです。

사끼호도 다논다 미즈가 마다데스

🛫 헤드폰 상태가 안 좋습니다.

Something is wrong with the headset.

ヘッドホーンの調子が悪いです。

헷또혼-노 쵸-시가 와루이데스

🛫 비행은 예정대로입니까?

Is this flight on schedule?

フライトは時間どおりですか。

후라이또와 지깐 도-리데스까

페리(선박)을 이용할 때

📖 (승선권을 보이며) 제 선실은 어딘가요?

Where is my cabin?

私の船室はどこですか。

와따시노 센시쯔와 도꼬데스까

📖 시모노세키에는 언제 도착합니까?

When can we get to Simonoseki?

下関に着くのは何時ですか。

시모노세끼니 쓰꾸노와 난지데스까

📖 어느 것이 제 침구입니까?

Which one is my bedclothes?

どれが私の寝具ですか。

도레가 와따시노 싱구데스까

📖 매점은 어디에 있습니까?

Where can I buy something?

売店はどこにありますか。

바이뗑와 도꼬니 아리마스까

📖 식당은 있습니까?

Do you have a cafeteria?

食堂はありますか。

쇼쿠도와 아리마스까

📖 (식당에서) 한국어 메뉴는 있습니까?

Do you have a menu in Korean?

韓国語のメニューはありますか。

캉꼬꾸고노 메뉴-와 아리마스까

📧 파도는 거칩니까?
Are the waves running high?
波は荒いですか。
나미와 아라이데스까

📧 날씨는 좋습니까?
Is the climate good?
天候はいいですか。
텡꼬-와 이-데스까

📧 뱃멀미를 하는데요.
I'm seasick.
船酔いにかかりました。
후나요이니 가까리마시다

📧 (뱃멀미로) 토할 것 같습니다.
I'm going throw up.
吐きそうです。
하끼소-데스

📧 의무실로 데리고 가 주십시오.
Please take me to the medical room.
医務室へ連れていってください。
이무시쯔에 쓰레떼 잇떼 구다사이

📧 화장실은 어디에 있나요?
Where is the rest room?
トイレはどこですか。
토이레와 도꼬데스까

선반 棚(たな) 타나

에어컨 エアコン 에아콘

통로 通路 (つうろ) 츠우로

조명 照明 (しょうめい) 쇼메이

창 窓 (まど) 마도

좌석 席 (せき) 세키

스튜어디스 スチュワーデス 스츄아ー디스

구명동의 救命胴衣 (きゅうめいどうい) 큐ー메ー도ー이

※스튜어디스를 부를 때는 すみません(스미마셍)이라고 부릅시다.

기내에서 볼 수 있는 표시		
禁煙	NO SMOKING	금연
シートベルト着用	FASTEN SEAT BELT	안전벨트 착용
使用中	OCCUPIED	화장실 사용 중
空き	VACANT	비어 있음
呼出ボタン	CALL BUTTON	호출버튼
非常口	EMERGENCY	비상구
ゴミ箱	TOWEL DISPOSAL	쓰레기통

성명	Name	氏名
성	Family name	氏
이름	Given name	名
국적	Nationalty	国籍
생년월일	Day, Month, Year	生年月日
남, 여	Male, Female	男、女
현주소	Home address	住所
직업	Occupation	職業
일본의 연락처	Address in Japan	日本の連絡先
여권번호	Passport No.	旅券番号
항공기 편명 · 선명	Flight No. / Vessel	航空機便名 · 船名
탑승지	Fort of Embarkation	乗機地
여행목적	Purpose of visit	渡航目的
서명	Signature	署名
일본체류예정기간	Entered Length of stay in Japan	日本滞在予定期間

UNIT 02

입국심사

外国人이라고 표시한 곳에 줄을 서서 여권과 출입국신고서를 제출하면 입국심사에서는 여권·비자의 유효기간을 검사하고 입국목적, 체류기간 등을 묻습니다. 미리 출입국신고서에 방문목적, 체류기간, 묵을 곳의 주소, 이름, 전화 등을 정확히 기재하면 별도의 질문을 받지 않아도 됩니다.

약 _____ 입니다.
For _____ .
やく
約 _____ です。
야꾸   데스

□	1주일	one week	一週間	잇슈-깡
□	10일	ten days	十日	도-까
□	15일	fifteen days	十五日	쥬-고니찌
□	1개월	one month	一ヶ月	익까게쯔

Q : 여권을 보여 주시겠어요?
May I see your passport?

パスポートを拝見します。
파스뽀-또오 하이껜시마스

A : 여기 있습니다.
Here it is.

はい、どうぞ。
하이,   도-조

방문 목적을 물을 때

📕 **여권을 보여 주십시오.**
Your passport, please.

パスポートを見せてください。
파스뽀-또오 미세떼 구다사이

📕 **입국 목적은 무엇입니까?**
What's the purpose of your visit?
入国の目的は何ですか。
뉴꼬꾸노 목떼끼와 난데스까

📕 **관광입니다.**
Sightseeing.
観光です。
캉꼬데스

📕 **사업입니다.**
Business.

ビジネスです。
비지네스데스

체류 장소와 일정을 물을 때

📕 **얼마나 체류하십니까?**
How long are you staying?
何日間の滞在ですか。
난니찌깡노 타이자이데스까

📕 **1주일 체류합니다.**
I'm staying for a week.
一週間です。
잇슈-깐데스

103

🗨 어디에 머무십니까?

Where are you staying?

どこに滞在しますか。

도꼬니 타이자이시마스까

🗨 ○○호텔에 머뭅니다.

I'll stay at the ○○ Hotel.

○○ホテルに泊まります。

○○호떼루니 도마리마스

🗨 (메모를 보이며) 숙박처는 이 호텔입니다.

I'll stay at this Hotel.

宿泊先はこのホテルです。

슈꾸하꾸사끼와 고노 호떼루데스

🗨 (호텔은) 아직 정하지 않았습니다.

I don't know which one.

まだ決めていません。

마다 기메떼 이마셍

🗨 (호텔은) 단체여행이라서 모릅니다.

I'm not sure, because I'm a member of group tour.

団体旅行なのでわかりません。

단따이료꼬-나노데 와까리마셍

기타 질문 사항

🗨 돌아가는 항공권은 가지고 계십니까?

Do you have a return ticket?

帰りの航空券はお持ちですか。

가에리노 코-꾸-껭와 오모찌데스까

104

🛄 네, 가지고 있습니다.

Yes, it's right here.

はい、持っています。

하이, 못떼이마스

🛄 현금은 얼마나 가지고 있습니까?

How much cash do you have with you?

現金はいくら持っていますか。

겡낑와 이꾸라 못떼 이마스까

🛄 15만 엔 정도입니다.

I have about Yen 150,000.

15万円くらいです。

쥬-고만엔 쿠라이데스

🛄 일본은 처음입니까?

Is Japan your first visit(here)?

日本は初めてですか。

니홍와 하지메떼데스까

🛄 네, 처음입니다.

Yes, it is.

はい、初めてです。

하이, 하지메떼데스

🛄 됐습니다.

Good. Have a nice stay.

結構です。

겍꼬데스

105

UNIT

03

세관검사

입국심사가 끝나면 ターンテーブル이 있는 곳으로 갑니다. 자신이 타고 온 항공사와 편명이 표시된 턴테이블로 짐이 나오므로 그 주위에서 기다렸다 찾으면 됩니다. 짐을 찾으면 税関의 표시를 따라 세관으로 가서 여권과 세관신고서를 담당에게 보여 주고 통과를 기다리면 됩니다.

이것은 _____ 입니다.
This is _____ .
これは _____ です。
고레와   데스

□ 선물	gift	贈り物	오꾸리모노
□ 일용품	for my personal use	日用品	니찌요-힝
□ 라면	ramyon	ラーメン	라-멩
□ 약	medicine	薬	구스리

Q : 신고할 것이 있습니까?
Do you have anything to declare?
申告するものはありますか。
싱고꾸스루 모노와 아리마스까

A : 없습니다.
No, I don't.
ありません。
아리마셍

106

짐을 찾을 때

🛄 **짐은 어디서 찾습니까?**

Where can I get my baggage?

手荷物はどこで受け取りますか。

테니모쯔와 도꼬데 우께또리마스까

🛄 **이건 714편 턴테이블입니까?**

Is this baggage conveyer for flight 714?

これは714便のターンテーブルですか。

고레와 나나이치욘빈노 탄테부루데스까

🛄 **714편 짐은 나왔습니까?**

Has baggage from flight 714?

714便の荷物はもう出てきましたか。

나나이치욘빈노 니모쯔와 모- 데떼 키마시다까

🛄 **제 짐이 보이지 않습니다.**

I can't find my baggage.

私の手荷物が見つかりません。

와따시노 데니모쯔가 미쓰까리마셍

🛄 **이게 수화물인환증입니다.**

Here is my claim tag.

これが手荷物引換証です。

고레가 데니모쯔 히끼까에쇼-데스

🛄 **당장 보상해 주세요.**

Pay for me right now?

当座の補償をしてください。

도-자노 호쇼-오 시떼 구다사이

🔊 **여권과 신고서를 보여 주십시오.**
Your passport and declaration card, please.
パスポートと申告書を拝見します。
파스뽀-또또 싱꼬꾸쇼오 하이껜시마스

🔊 **세관신고서는 가지고 계십니까?**
Do you have your customs declaration form?
税関申告書をお持ちですか。
제-깐싱꼬꾸쇼오 오모찌데스까

🔊 **신고서는 가지고 있지 않습니다.**
I don't have a declaration card.
申告書は持っていません。
싱꼬꾸쇼와 못떼 이마셍

🔊 **신고할 것은 있습니까?**
Do you have anything to declare?
申告するものはありますか。
싱꼬꾸스루 모노와 아리마스까

🔊 **일용품뿐입니다.**
I only have personal belongings.
身の回りのものだけです。
미노마와리노 모노다께데스

🔊 **이 가방을 열어 주십시오.**
Please open this bag.
このバッグを開けてください。
고노 박구오 아께떼 구다사이

📢 내용물은 무엇입니까?

What's in it?

中身は何ですか。

나까미와 난데스까

📢 이건 뭡니까?

What's this?

これは何ですか。

고레와 난데스까

📢 친구에게 줄 선물입니다.

Gifts for my friends.

友達へのお土産です。

도모다찌에노 오미야게데스

📢 다른 짐은 있나요?

Do you have any other baggage?

他に荷物はありますか。

호까니 니모쯔와 아리마스까

📢 이건 과세 대상이 됩니다.

You have to pay duty on it.

これは課税対象となります。

고레와 가제-타이쇼-또 나리마스

📢 과세액은 얼마입니까?

How much is the duty?

課税額はいくらですか。

카제-가꾸와 이꾸라데스까

UNIT

04

공항에서

공항 로비의 안내소에는 무료 지도, 관광 가이드나 호텔 가이드 등의 팸플릿이 준비되어 있습니다. 시내의 교통수단, 호텔이 위치한 장소나 택시 요금 등 필요한 정보를 모으도록 합시다. 대형 공항에서는 호텔 예약, 렌터카 등의 별도의 부스가 있기도 합니다.

_____ 은(는) 어디에 있습니까?

Where is the _____ ?

_____ はどこですか。

와 도꼬데스까

□ 안내소	Information	案内所	안나이쇼
□ 환전	exchange	為替	가와세
□ 화장실	rest room	トイレ	토이레
□ 택시승강장	taxi stand	タクシー乗り場	타꾸시-노리바

Q : 어디에서 환전을 합니까?

Where can I exchange money?

どこで両替できますか。

도꼬데 료-가에 데끼마스까

A : '환전'이라고 써진 곳으로 가십시오.

Go to "Currency Exchange."

「両替」と書いてあるところに行ってください。

「료-가에」또 가이떼 아루 도꼬로니 잇떼 구다사이

🛄 **이걸 환전해 주시겠어요?**
Could you exchange this?
これを両替してください。
고레오 료-가에시떼 구다사이

🛄 **여행자수표를 현금으로 바꿔 주세요.**
Please cash these traveler's checks.
トラベラーズチェックを現金にしてください。
토라베라-즈첵꾸오 겡낀니시떼 구다사이

🛄 **잔돈도 섞어 주세요.**
I'd like some small change.
小銭も混ぜてください。
코제니모 마제떼 구다사이

🛄 **계산이 틀린 것 같은데요.**
I think the amount is incorrect.
計算が違っているようですが。
케-상가 치갓떼이루 요-데스가

🛄 **수수료는 얼마입니까?**
How much is your commission?
手数料はいくらですか。
데스-료-와 이꾸라데스까

🛄 **계산서를 주시겠어요?**
May I have a receipt?
計算書をください。
케-산쇼오 구다사이

📖 관광안내소는 어디에 있습니까?
Where is the tourist information center?

<ruby>観光案内所<rt>かんこうあんないじょ</rt></ruby>はどこですか。

캉꼬-안나이죠와 도꼬데스까

📖 시내 지도와 관광 팸플릿을 주시겠어요?
Can I have a city map and tourist brochure?

<ruby>市街地図<rt>しがいちず</rt></ruby>と<ruby>観光<rt>かんこう</rt></ruby>パンフレットをください。

시가이치즈또 캉꼬- 팡후렛또오 구다사이

📖 매표소는 어디에 있습니까?
Where is the ticket office?

<ruby>切符売場<rt>きっぷうりば</rt></ruby>はどこですか。

깁뿌우리바와 도꼬데스까

📖 출구는 어디입니까?
Where is the exit?

<ruby>出口<rt>でぐち</rt></ruby>はどこですか。

데구찌와 도꼬데스까

📖 호텔 리스트는 있습니까?
Do you have a hotel list?

ホテルリストはありますか。

호떼루리스또와 아리마스까

📖 여기서 렌터카를 예약할 수 있습니까?
Can I reserve rental car here?

ここでレンタカーの<ruby>予約<rt>よやく</rt></ruby>ができますか。

고꼬데 렌따카-노 요야꾸가 데끼마스까

호텔을 찾을 때

🔳 **여기서 호텔을 예약할 수 있습니까?**
Can I reserve a hotel here?

ここでホテルの予約ができますか。
고꼬데 호떼루노 요야꾸가 데끼마스까

🔳 **시내 호텔을 예약해 주시겠어요?**
Could you reserve a hotel in the city?

市内のホテルを予約してください。
시나이노 호떼루오 요야꾸시떼 구다사이

🔳 **어떤 호텔을 찾으십니까?**
What kind of hotel are you looking for?

どのようなホテルをお探しですか。
도노요–나 호떼루오 오사가시데스까

🔳 **번화가에 가까운 호텔을 부탁합니다.**
One near downtown.

繁華街に近いホテルをお願いします。
항까가이니 치까이 호떼루오 오네가이시마스

🔳 **역에서 가까운 호텔을 부탁합니다.**
I'd like a hotel close to the station.

駅から近いホテルをお願いします。
에끼까라 치까이 호떼루오 오네가이시마스

🔳 **그 호텔은 어디입니까?**
Where's the hotel?

そのホテルはどこですか。
소노 호떼루와 도꼬데스까

UNIT
05

시내로 이동

공항의 포터에게 지불하는 것은 팁이 아니라 포터 요금으로 정해진 규정 요금입니다. 괜찮다면 다소 팁을 주는 것도 좋겠습니다.
시내와 공항을 직접 연결하는 리무진버스 이외에 JR열차, 버스, 택시(요금이 비싸므로 가급적 피하는 게 좋다) 등의 교통수단이 있습니다.

_____ 까지 부탁합니다.

_____ , please.

_____ までお願いします。

마데 오네가이 시마스

□	○○호텔	○○Hotel	○○ホテル	○○호테루
□	시내	downtown	繁華街	항까가이
□	○○역	○○Station	○○駅	○○에끼
□	○○박물관	○○Museum	○○博物館	○○하꾸부쓰깡

Q : 어디서 택시를 탑니까?
Where can I get a taxi?

どこでタクシーに乗れますか。
도꼬데 타꾸시-니 노레마스까

A : 바로 앞쪽에 택시 승강장이 있습니다.
There's a taxi stand up ahead.

すぐ前方にタクシー乗り場があります。
스구 젬뽀-니 타꾸시-노리바가 아리마스

포터

🛎 **포터를 찾고 있습니다.**
I'm looking for a porter.

ポーターを探しています。
포-따-오 사가시떼 이마스

🛎 **포터를 불러 주세요.**
Please get me a porter.

ポーターを呼んでください。
포-따-오 욘데 구다사이

🛎 **이 짐을 택시승강장까지 옮겨 주세요.**
Please take this baggage to the taxi stand.

この荷物をタクシー乗り場まで運んでください。
고노 니모쯔오 타꾸시- 노리바마데 하꼰데 구다사이

🛎 **이 짐을 버스정류소까지 옮겨 주세요.**
Please take this baggage to the bus stop.

この荷物をバス乗り場まで運んでください。
고노 니모쯔오 바스 노리바마데 하꼰데 구다사이

🛎 **카트는 어디에 있습니까?**
Where are the baggage carts?

カートはどこにありますか。
카-또와 도꼬니 아리마스까

🛎 **짐을 호텔로 보내 주세요.**
Please deliver the baggage to my hotel.

荷物をホテルに届けてください。
니모쯔오 호떼루니 토도께떼 구다사이

🛎 **택시 승강장은 어디입니까?**
Where is the taxi stand?

タクシー乗り場はどこですか。
타꾸시-노리바와 도꼬데스까

🛎 **어디서 택시를 탑니까?**
Where can I get a taxi?

どこでタクシーに乗れますか。
도꼬데 타꾸시니 노레마스까

🛎 **어디까지 가십니까?**
Where are you going?

どちらまで。
도찌라마데

🛎 **○○호텔로 가 주세요.**
To ○○Hotel, please.

○○ホテルへ行ってください。
○○호떼루에 잇떼 구다사이

🛎 **(주소를 보이며) 이리 가 주세요.**
Take me to this address, please.

ここへ行ってください。
고꼬에 잇떼 구다사이

🛎 **짐을 트렁크에 넣어 주세요.**
Please put my baggage in the trunk.

荷物をトランクに入れてください。
니모쯔오 토랑꾸니 이레떼 구다사이

📖 시내로 가는 버스는 있습니까?

Is there a bus going downtown?

市内へ行くバスはありますか。

시나이에 이꾸 바스와 아리마스까

📖 매표소는 어디입니까?

Where is the ticket office?

切符売り場はどこですか。

깁뿌우리바와 도꼬데스까

📖 시간은 어느 정도 걸립니까?

How long does it take to get there?

時間はどのくらいかかりますか。

지깡와 도노쿠라이 가까리마스까

📖 도착하면 알려 주시겠어요?

Could you tell me when we get there?

着いたら教えてください。

쓰이따라 오시에떼 구다사이

📖 시내로 가는 가장 빠른 교통수단은 무엇입니까?

What's the fastest way to downtown?

市内へ行くもっとも速い交通手段は何ですか。

시나이에 이꾸 못또모 하야이 코-쓰-슈당와 난데스까

📖 시내로 가는 가장 싼 교통수단은 무엇입니까?

What's the cheapest way to downtown?

市内へ行くもっとも安い交通手段は何ですか。

시나이에 이꾸 못또모 야스이 코-쓰-슈당와 난데스까

공항에서 볼 수 있는 표지판		
出発入口	DEPARTURE GATE	출발입구
到着入口	ARRIVAL GATE	도착입구
搭乗入口	BOARDING GATE	탑승입구
搭乗手続き	NOW BOARDING	탑승수속 중
定刻に	ON TIME	정각에
遅延	DELAYED	지연
乗換	CONNECTING FLIGHT	환승 비행기
キャンセル待ち	STAND BY	공석 대기
両替所	EXCHANGE/ MONEY EXCHANGE	환전소
国内線	DOMESTIC	국내선

PART 3

숙박

숙박에 관한 정보

☀ 고급호텔

일본의 특급 혹은 일급호텔에서는 다른 세계적인 호텔과 같은 시설과 쾌적함을 누릴 수 있다. 이들 톱클래스의 호텔은 업무차 방문하는 회사의 고급간부나 디럭스 및 일급 숙박을 원하는 여행자에게 만족할 만한 서비스를 제공한다.

☀ 비즈니스호텔

비즈니스호텔은 특급호텔이나 일급호텔에 비해 아주 저렴한 숙박시설로, 출장을 다니는 회사원들이 많이 이용하는 곳이다. 얼핏 보기에 일반 호텔과 비슷해 보이지만 서비스에 있어서 약간 차이가 있는데, 룸서비스가 없다는 것과 호텔 내에 부대시설이 부족하다는 것 등을 들 수 있다.

☀ 민슈쿠

민슈쿠(民宿)는 일종의 민박시설로 영국의 B&B와 비슷하다고 생각하면 된다. 숙박비는 두 끼의 식사를 포함하며, 식사는 그 지방 특산의 나물이나 해물을 사용하며 가족적인 분위기를 느낄 수 있는 장점이 있다. 일본의 민슈쿠는 대부분 대도시보다는 관광지 주변의 지방에서 자주 볼 수 있으며 한국 사람들이 생각하는 민박과는 개념이 조금 다르다. 한국에서 민박의 의미는 일반 가정집에 방 한두 개를 비워놓고 여행자들이 머무를 수 있도록 하는 경우가 대부분인데 반해 일본의 민슈쿠는 가족 단위로 운영하는 일본식 료칸(旅館)에 가깝다고 보면 된다.

☀ 료 칸

일본의 료칸(旅館)을 한국의 여관과 같은 개념으로 생각을 하는 경우가 많은데, 전혀 다르다. 료칸은 쉽게 말하자면 호텔과는 달리 일본 냄새가 물씬 풍기는 전통 있는 숙박업소라 할 수 있다. 일본에는 몇 대째 대를 이어 내려온 료칸도 많을뿐더러 하나같이 일본식 전통 가옥에 다다미로 된 방(일본에서는 이

를 和室(わしつ)화실이라 부른다), 그 지방의 특산물로 요리한 음식, 여독을 풀 수 있는 온천 등이 마련되어 있다. 정성 어린 만찬과 간소한 아침식사를 객실 담당 메이드가 날라다 주며, 가격은 숙박료에 포함되어 있는 곳이 대부분이다.

☀ 유스호스텔 (YouthHostel)

남녀노소를 막론하고 누구나 이용할 수 있는 유스호스텔은 알뜰 여행자라면 가장 먼저 생각하게 되는 숙박시설이다. 일본 전역에 걸쳐 약 450개가 있고 하룻밤에 보통 3,000~5,000엔 정도를 지불해야 한다.

☀ 캡슐호텔 (Capsule Hotel)

캡슐호텔은 원래 일본에만 있는 독특한 숙박시설로 흔히 일본인들의 특성을 이야기할 때 자주 인용하는 소재였는데, 언제부터인가 이 캡슐호텔이 국내에 휴게방이라는 이름으로 들어오기 시작하면서 한국인들에게 그리 낯설지 않은 공간이 되었다.

☀ 러브호텔 (LOVE HOTEL)

일본의 모든 도시에는 러브호텔이 많다. 호텔에 투숙하기엔 요금이 비싸고 유스호스텔은 같은 방 사용이 금지되어 있으므로 신혼여행객이나 연인들이 이용해 볼 만한 곳이다. 방 내부는 기발한 시설로 장식되어 있고, 대개 숙박 손님은 22시 이후에 들어가야 하며 같은 남자나 여자끼리 가면 투숙을 거절당할 수 있다.

☀ 가이진하우스

가이진(外人)하우스는 배낭 여행자들이 많이 이용하는 숙소로 개인이 운영한다. 이곳에는 직접 취사가 가능하고 숙박비도 비교적 싼 편이지만 도쿄나 교토 등지에 한정되어 있는 것과 방 구하기가 어렵다는 것이 흠이다.

☀ 고쿠민슈쿠샤

고쿠민슈쿠샤(国民宿舎)는 전국의 유명한 리조트나 국립공원 지역에서 지방자치단체가 운영하는 숙박 시설이다.

UNIT 01

호텔 예약

호텔을 현지에서 찾을 때는 공항이나 시내의 観光案内所(Tourist Information)에서 물어보도록 합시다. 예약을 해주는 곳도 있기는 하지만, 우선 가능하면 한국에서 출발하기 전에 예약을 해두는 것이 좋습니다. 예약할 때는 요금, 입지, 치안 등을 고려해서 정하도록 합시다.

I'd like a _____ (으)로 부탁합니다.

_____ をお願いします
오 오네가이 시마스

□	싱글 룸	single room	シングルルーム	싱구루루-무
□	트윈 룸	twin room	ツインルーム	쓰인루무
□	더블 룸	double room	ダブルルーム	다부루루-무
□	욕실이 있는 방	room with a bath	バス付きの部屋	바스쓰끼노 헤야

Q : 오늘 밤, 빈방 있습니까?
Do you have a room for tonight?
今晩、空き部屋はありますか。
곰방, 아끼베야와 아리마스까

A : 몇 분이십니까?
For how many of you?
何名様でしょうか。
남메-사마데쇼-까

🛎 **여기서 호텔 예약할 수 있습니까?**

Can I make a reservation here?

ここでホテルの予約ができますか。

고꼬데 호떼루노 요야꾸가 데끼마스까

🛎 **어떤 방이 좋겠습니까?**

What type of room would you like?

どのようなお部屋がよろしいでしょうか。

도노요-나 오헤야가 요로시-데쇼-까

🛎 **역까지 데리러 옵니까?**

Could you pick me up at the station?

駅まで迎えに来てくれますか。

에끼마데 무까에니 기떼 구레마스까

🛎 **공항까지 데리러 옵니까?**

Could you pick me up at the the airport?

空港まで迎えに来てくれますか。

쿠-꼬-마데 무까에니 기떼 구레마스까

🛎 **그 호텔은 어디에 있습니까?**

Where is the hotel located?

そのホテルはどこにありますか。

소노 호떼루와 도꼬니 아리마스까

🛎 **다른 호텔을 소개해 주십시오.**

Could you tell me where another hotel is?

他のホテルを紹介してください。

호까노 호떼루오 쇼-까이시떼 구다사이

전화로 예약할 때

🔊 **오늘 밤, 빈방 있습니까?**

Do you have any vacancies tonight?

今夜、空き部屋はありますか。

공야, 아끼베야와 아리마스까

🔊 **숙박요금은 얼마입니까?**

How much is the room charge?

宿泊料金はおいくらですか。

슈꾸하꾸료-낑와 오이꾸라데스까

🔊 **1박에 얼마입니까?**

How much for one night?

一泊いくらですか。

입빠꾸 이꾸라데스까

🔊 **요금에 조식은 포함되어 있나요?**

Does the room charge include breakfast?

料金に朝食は含まれていますか。

료-낑니 쵸-쇼꾸와 후꾸마레떼 이마스까

🔊 **봉사료와 세금은 포함되어 있습니까?**

Does it include service charge and tax?

サービス料と税金は含まれていますか。

사-비스료-또 제-낑와 후꾸마레떼 이마스까

🔊 **예약을 하고 싶은데요**

I'd like to make a reservation.

予約をしたいのですが。

요야꾸오 시따이노데스가

🔊 **몇 박을 하실 겁니까?**
How long would you like to stay?
何泊なさいますか。
남빠꾸 나사이마스까

🔊 **오늘 밤부터 2박 할 겁니다.**
I'll stay two nights.
今晩から二泊します。
곰방까라 니하꾸시마스

🔊 **더블 룸으로 부탁합니다.**
A double room, please.
ダブルルームをお願いします。
다부루루-무오 오네가이시마스

🔊 **욕실이 있는 방으로 부탁합니다.**
I'd like a room with a bath.
バス付きの部屋をお願いします。
바스쓰끼노 헤야오 오네가이시마스

🔊 **선불인가요?**
Do you need a deposit?
前金は必要ですか。
마에낑와 히쯔요-데스까

🔊 **홍길동입니다. 스펠링은 HONG KILDONG입니다.**
My name is Gil - dong Hong. The spelling is HONG KILDONG.
ホンギルドンです。スペルは HONG KILDONGです。
홍길동데스 스뻬루와 HONG KILDONG데스

❶ **회계(cashier)** 会計 카이께-
　- 요금 정산, 환전, 금고 관리

❷ **레지스트레이션(registration)** レジストレーション 레지스토레-숑
　- 체크인, 체크아웃

❸ **접수(reception)** 受付 우께쓰께/レセプション 레세푸숑
　- 룸키, 메시지

❹ **안내(information)** インフォメーション 잉훠메-숑
　- 극장, 식당 등의 안내 및 예약, 관광 상담, 편지나 메시지 취급

❺ **포터(porter)** ポーター 포-따-
　- 차에서 프런트까지 짐 운반

❻ **도어맨(doorman)** ドアマン 도아망
　- 현관에서 숙박객의 송영

❼ **벨캡틴(bell captain)** ベルキャプテン 베루캬뿌뗑
　- 벨보이 책임자

❽ **벨보이(bellboy)** ベルボーイ 베루보-이
　- 로비와 객실간의 짐 운반 등

❾ **보이(valet)** ボーイ 보-이
　- 룸서비스 운반

❿ **룸 메이드(room maid)** メイド 메이도

126

라디오
ラジオ 라지오

창
窓(まど) 마도

커튼
カーテン 카-뗀

옷장
洋服(ようふく)ダンス
요-후꾸단스

침대등
ナイト・テーブル
나이토 테-부루

침대
ベッド 벳도

침대커버
ベッドカバー
벳도카바-

전화
電話(でんわ)
뎅와

의자
椅子(いす)
이스

변기
便器(べんき) 벵끼

욕실
浴室(よくしつ)
요꾸시쯔

욕조
バスタブ
바스따부

책상
机(つくえ) 쓰꾸에

텔레비전
テレビ 테레비

문 ドア 도아

조명
照明(しょうめい)
쇼-메-

편지봉투
封筒(ふうとう)
후-또-

편지지
便(びん)せん 빈셍

문의 손잡이에 거는 카드

DO NOT DISTURB
起こさないでください(방해하지 마세요)

PLEASE MAKE UP
部屋を掃除してください(방을 청소해 주세요)

127

UNIT
02

호텔 체크인

호텔의 체크인 시각은 보통 오후 2시부터입니다. 호텔 도착 시간이 오후 6시를 넘을 때는 예약이 취소되는 경우도 있으므로 늦을 경우에는 호텔에 도착시간을 전화로 알려두는 것이 좋습니다. 방의 형태, 설비, 요금, 체류 기간 등을 체크인할 때 확인하도록 합시다.

I'd like a _____ 으로 부탁합니다.

_____ .

_____ をお願いします
오 오네가이 시마스

□ 조용한 방	peaceful room	静かな部屋	시즈까나 헤야
□ 더 좋은 방	better room	もっといい部屋	못또 이-헤야
□ 전망이 좋은 방	room with a nice view	眺めの いい部屋	나가메노 이-헤야

Q : 안녕하세요. 어서 오십시오.
Hi. May I help you?

いらっしゃいませ。
이랏샤이마세

A : 체크인 해 주세요.
I'd like to check in, please.

チェックインをお願いします。
첵꾸잉오 오네가이 시마스

🛎 **예약은 하셨습니까?**
Did you have a reservation?
予約はされていますか。
요야꾸와 사레떼 이마스까

🛎 **예약했습니다.**
I have a reservation.
予約してあります。
요야꾸시떼 아리마스

🛎 **확인서는 여기 있습니다.**
Here is my confirmation slip.
確認書はこれです。
카꾸닌쇼와 고레데스

🛎 **예약은 한국에서 했습니다.**
I made one from Korea.
予約は韓国で済ませました。
요야꾸와 캉꼬꾸데 스마세마시다

🛎 **아직 예약을 하지 않았습니다.**
I haven't made a reservation.
まだ予約はしていません。
마다 요야꾸와 시떼 이마셍

🛎 **오늘 밤 빈방은 있습니까?**
Can I get a room for tonight?
今夜、空き部屋はありますか。
공야、 아끼베야와 아리마스까

🛎 성함을 말씀하십시오.

May I have your name?

お名前をどうぞ。

오나마에오 도-조

🛎 숙박 쿠폰을 가지고 있습니다.

I have a travel agency coupon.

宿泊クーポンを持っています。

슈꾸하꾸 쿠-퐁오 못떼 이마스

🛎 조용한 방으로 부탁합니다.

I'd like a quiet room.

静かな部屋をお願いします。

시즈까나 헤야오 오네가이 시마스

🛎 전망이 좋은 방으로 부탁합니다.

I'd like a room with a nice view.

眺めのいい部屋をお願いします。

나가메노 이- 헤야오 오네가이 시마스

🛎 방을 보여 주세요.

May I see the room?

部屋を見せてください。

헤야오 미세떼 구다사이

🛎 좀 더 좋은 방은 없습니까?

Do you have anything better?

もっとよい部屋はありませんか。

못또 요이 헤야와 아리마셍까

🛎️ **좀 더 큰 방으로 바꿔 주세요.**
Could you give me a larger room?
もう少し大きい部屋にかえてください。
모- 스꼬시 오-끼- 헤야니 가에떼 구다사이

🛎️ **이 방으로 하겠습니다.**
I'll take this room.
この部屋にします。
고노 헤야니 시마스

🛎️ **숙박카드에 기입해 주십시오.**
Please fill out the registration card.
宿泊カードにご記入ください。
슈꾸하꾸 카-도니 고키뉴- 구다사이

🛎️ **이게 방 열쇠입니다.**
Here is your room key.
こちらが部屋のカギとなります。
고찌라가 헤야노 카기또 나리마스

🛎️ **귀중품을 보관해 주시겠어요?**
Can you keep my valuables?
貴重品を預かってもらえますか。
기쬬힝오 아즈깟떼 모라에마스까

🛎️ **벨보이가 방으로 안내하겠습니다.**
The bellboy will show you your room.
ベルボーイが部屋に案内します。
베루보-이가 헤야니 안나이시마스

🛎 짐을 방까지 옮겨 주겠어요?

Could you bring my baggage?

荷物を部屋まで運んでくれますか。

니모쯔오 헤야마데 하꼰데 구레마스까

🛎 여기가 손님 방입니다.

This is your room.

こちらがお客様のお部屋になります。

고찌라가 오꺄꾸사마노 오헤야니 나리마스

숙박체크		

	HILL HOTEL GUEST REGISTRATION		
성명	Full name Last　　　　　First　　　　　Middle		
자택주소 전화번호	Home Address:		
여권번호 국적, 나이	Passport No:	Nationality:	Age:
차번호	License Plate Number:		
자동차 메이커 자동차 모델명 연식	Make:	Model:	Year:
서명	Signature:		
호텔측 기입사항	Method of Payment: □ Cash 　　　　$_____ □ Credit Card □ Other　_____	Arrival Date: Departure Date: Room No:	
	All of at the Hill Hotel are grateful for your patronage.		

🏨 **다시 한번 확인해 주시겠어요?**
Would you check again?
もう一度調べていただけますか。
모- 이찌도 시라베떼 이따다께마스까

🏨 **(늦을 경우) 8시에 도착할 것 같습니다.**
I'll arrive at your hotel at eight.
8時に到着します。
하찌지니 도-짜꾸시마스

🏨 **예약을 취소하지 마세요.**
Please don't cancel my reservation.
予約を取り消さないでください。
요야꾸오 도리께사나이데 구다사이

🏨 **(예약되어 있지 않을 때) 다시 한번 제 예약을 확인해 주십시오.**
Check my reservation again, please.
もう一度私の予約を調べてください。
모- 이찌도 와따시노 요야꾸오 시라베떼 구다사이

🏨 **방을 취소하지 않았습니다.**
I didn't cancel the room.
部屋をキャンセルしていません。
헤야오 캰세루시떼 이마셍

🏨 **다른 호텔을 찾아주세요.**
Would you refer me to another hotel?
ほかのホテルを探してください。
호까노 호떼루오 사가시떼 구다사이

UNIT 03

룸서비스

방에 도착하면 짐을 가져다준 보이에게 팁을 줍니다. 방의 설비에 대해서 모르는 점이 있으면 그때 물어보도록 합시다. 요즘 호텔에서는 자동으로 모닝콜을 하는 곳이 많습니다. 조작을 모를 때는 프런트에 연락을 하면 됩니다.

I'd like _____ 가져오세요.

_____ をお願いします
ねが
오 오네가이 시마스

□	커피 두 잔	two coffees	コーヒー二杯	코-히- 니하이
□	신문	newspaper	新聞	심붕
□	병따개	a bottle opener	栓抜き	센누끼
□	아침식사	breakfast	朝食	쵸-쇼꾸

Q : 누구세요?
Who is it?

どなたですか。
도나따데스까

A : 룸서비스입니다.
Room service.

ルームサービスです。
루-무사-비스데스

🔔 **룸서비스를 부탁합니다.**
Room service, please.

ルームサービスをお願いします。
루-무사-비스오 오네가이시마스

🔔 **내일 아침 8시에 아침을 먹고 싶은데요.**
Breakfast at 8 a.m. tomorrow morning, please.

明日の朝8時に朝食を食べたいのですが。
아시따노 아사 하찌지니 쵸-쇼꾸오 다베따이노데스가

🔔 **도와주시겠어요?**
Can you give me a hand?

手伝ってもらえませんか。
데쓰닷떼 모라에마셍까

🔔 **어느 정도 시간이 걸립니까?**
How long will it take?

どのくらい時間がかかりますか。
도노쿠라이 지깡가 가까리마스까

🔔 **세탁 서비스는 있습니까?**
Do you have valet service?

洗濯のサービスはありますか。
센따꾸노 사-비스와 아리마스까

🔔 **따뜻한 마실 물이 필요한데요.**
I'd like a pot of boiled water.

飲むお湯がほしいのですが。
노무 오유가 호시-노데스가

모닝콜을 부탁합니다.
I'd like a wake - up call, please.

モーニングコールをお願いします。
모−닝구코−루오 오네가이시마스

몇 시에 말입니까?
What time?

何時にですか。
난지니데스까

7시에 부탁합니다.
7 o'clock tomorrow morning.

7時にお願いします。
시찌지니 오네가이시마스

방 번호를 말씀하십시오.
Your room number, please.

お部屋番号をどうぞ。
오헤야 방고−오 도−조

여기는 1234호실입니다.
This is Room 1234.

こちらは1234号室です。
고찌라와 센니햐꾸산쥬−용 고−시쯔데스

한국으로 전화를 하고 싶은데요.
I'd like to make a phone call to Korea.

韓国に電話をかけたいのですが。
캉꼬꾸니 뎅와오 가께따이노데스가

🛎️ **마사지를 부탁합니다.**
I'd like a massage, please.

マッサージをお願いします。
맛사-지오 오네가이시마스

🛎️ **식당 예약 좀 해 주시겠어요?**
Would you make a reservation for a restaurant for me?

レストランを予約していただけますか。
레스또랑오 요야꾸시떼 이따다께마스까

룸서비스가 들어올 때

🛎️ **(노크하면) 누구십니까?**
Who is it?

どなたですか。
도나따데스까

🛎️ **잠시 기다리세요.**
Just a moment, please.

ちょっと待ってください。
촛또 맛떼 구다사이

🛎️ **들어오세요.**
Please, come in.

お入りください。
오하이리 구다사이

🛎️ **이건 팁입니다.**
Here's your tip.

これはチップです。
고레와 칩뿌데스

UNIT
04

호텔시설 이용하기

호텔 내의 시설이나 설비, 서비스 내용은 체크인할 때 확인해두도록 합시다. 예약이나 트러블, 문의 사항은 대부분 프런트 데스크에 부탁하면 해결을 해주지만, 클리닝, 룸서비스 등의 내선번호는 방에 준비되어 있는 안내서에 적혀 있습니다.

호텔 안에 ＿＿＿＿＿＿＿＿ 은(는) 있습니까?

Do you have a ＿＿＿＿＿＿＿＿ in the hotel?

このホテルに ＿＿＿＿＿＿＿＿ はありますか。

고노 호떼루니 ＿＿＿＿＿＿＿ 와 아리마스까

□	식당	dining room	食堂	쇼꾸도-
□	미용실	hair salon	美容院	비요-잉
□	이발소	barbershop	理髪店	리하쓰뗑
□	디스코	disco	ディスコ	디스코

Q : 호텔에는 어떤 시설이 있습니까?

What kind of facilities are there in the hotel?

ホテルにはどんな施設がありますか。

호떼루니와 돈나 시세쯔가 아리마스까

A : 거의 모두 다 있습니다.

Everything you could possibly want.

ほとんどすべて揃ってあります。

호똔도 스베떼 소롯떼 아리마스

🛎 **자판기는 있습니까?**

Is there a vending machine?

自動販売機はありますか。

지도-함바이끼와 아리마스까

🛎 **식당은 어디에 있습니까?**

Where is the dining room?

食堂はどこですか。

쇼꾸도-와 도꼬데스까

🛎 **식당은 몇 시까지 합니까?**

How late is the dining room?

食堂は何時まで開いていますか。

쇼꾸도-와 난지마데 아이떼 이마스까

🛎 **이 호텔에 테니스코트는 있습니까?**

Is there a tennis court at this hotel?

このホテルにテニスコートはありますか。

고노 호떼루니 테니스코-또와 아리마스까

🛎 **커피숍은 어디에 있습니까?**

Where's the coffee shop?

コーヒーショップはどこですか。

코-히-숍뿌와 도꼬데스까

🛎 **바는 언제까지 합니까?**

How late is the bar room open?

バーはいつまで開いていますか。

바-와 이쯔마데 아이떼 이마스까

■♪ 가라오케는 어디서 할 수 있나요?

Where can I sing karaoke?

カラオケはどこでできますか。

가라오께와 도꼬데 데끼마스까

■♪ 이메일을 체크하고 싶은데요.

I want to check my e - mail.

メールをチェックしたいのですが。

메-루오 첵꾸시따이노데스가

■♪ 팩스는 있습니까?

Do you have a fax machine?

ファックスはありますか。

화꾸스와 아리마스까

■♪ 여기서 관광버스 표를 살 수 있습니까?

Can I get a ticket for the sightseeing bus here?

ここで観光バスのチケットを買えますか。

고꼬데 캉꼬-바스노 치껫또오 가에마스까

■♪ 이발소는 있습니까?

Is there a barbershop?

理髪店はありますか。

리하쯔뗑와 아리마스까

■♪ 계산은 방으로 해 주세요.

Will you charge it to my room?

勘定は部屋につけておいてください。

간죠-와 헤야니 쓰께떼 오이떼 구다사이

🛎 세탁서비스는 있나요?

Do you have a laundry service?

ランドリーサービスはありますか。

란도리- 사-비스와 아리마스까

🛎 세탁을 부탁합니다.

I'd like to drop off some laundry.

洗濯物をお願いします。

센따꾸모노오 오네가이시마스

🛎 언제 됩니까?

When will it be ready?

仕上がりはいつですか。

시아가리와 이쯔데스까

🛎 빨리 해 주시겠어요?

Could you do it as soon as possible, please?

急いで仕上げてください。

이소이데 시아게떼 구다사이

🛎 이 얼룩을 빼 주겠어요?

Can you get this stain out?

このシミを取ってください。

고노 시미오 돗떼 구다사이

🛎 이 와이셔츠를 다려 주세요.

I'd like this shirt pressed.

このワイシャツにアイロンをかけてください。

고노 와이샤쯔니 아이롱오 가께떼 구다사이

🔊 **미용실은 있습니까?**
Is there a beauty salon?
美容院はありますか。
비요-잉와 아리마스까

🔊 **오늘 오후에 예약할 수 있습니까?**
Can I make an appointment for the afternoon?
今日の午後予約できますか。
쿄-노 고고 요야꾸 데끼마스까

🔊 **(헤어스타일을) 어떻게 할까요?**
How would you like your hair?
どのようにしますか。
도노요-니 시마스까

🔊 **샴푸와 세트를 부탁합니다.**
Shampoo and set, please.
シャンプーとセットをお願いします。
샴뿌-또 셋또오 오네가이시마스

🔊 **커트와 샴푸만 해 주세요.**
Haircut and shampoo, please.
カットとシャンプーだけお願いします。
캇또또 샴뿌-다께 오네가이시마스

🔊 **가볍게 파마를 해 주세요.**
A soft permanent, please.
軽くパーマしてください。
가루꾸 파-마시떼 구다사이

🗣 **커트와 면도를 부탁합니다.**
Haircut and shave, please.

カットと髭剃りをお願いします。

캇또또 히게소리오 오네가이시마스

🗣 **조금만 깎아 주세요.**
Just trim it, please.

少しだけ刈ってください。

스꼬시다께 갓떼 구다사이

🗣 **짧게 깎아 주세요.**
Cut it short, please.

短く刈ってください。

미지까꾸 갓떼 구다사이

🗣 **너무 짧게 하지 마세요.**
Please don't cut it too short.

あまり短くしないでください。

아마리 미지까꾸 시나이데 구다사이

🗣 **뒤를 조금 잘라 주세요.**
A little more off the back.

後ろをもう少し切ってください。

우시로오 모- 스꼬시 깃떼 구다사이

🗣 **옆을 조금 잘라 주세요.**
A little more off the sides.

横をもう少し切ってください。

요꼬오 모- 스꼬시 깃떼 구다사이

UNIT
05

호텔에서의 전화·우편

국제전화는 호텔에서 다이얼로 직접 거는 방법 이외에 오퍼레이터를 통한 번호지정통화, 지명통화, 컬렉트콜 등을 이용할 수 있습니다. 국제자동 전화를 이용할 때는 일본의 국제자동전화 식별번호→우리나라의 국가번호(82)→국가내의 지역번호(숫자 0은 생략)→가입자의 번호 순으로 다이얼을 돌리면 됩니다.

By _____ (으)로 부탁합니다.

_____ , please.

_____ でお願_{ねが}いします。

데 오네가이 시마스

□	번호통화	station - to - station call	番号通話	방고―쓰―와
□	지명통화	person - to - person call	指名通話	시메―쓰―와
□	컬렉트콜	collect call	コレクトコール	코레꾸토 코―루
□	항공편	airmail	航空便	코―꾸―빈

Q : 한국으로 전화를 하고 싶은데요.
I'd like to make a phone call to Korea.
韓国_{かんこく}に電話_{でんわ}をかけたいのですが。
캉꼬꾸니 뎅와오 가께따이노데스가

A : 몇 번입니까?
What's the number?
番号_{ばんごう}をどうぞ。
방고―오 도―조

전화를 이용할 때

🔊 (교환수) **누구를 불러 드릴까요?**
To whom are you calling?

どなたをお呼びしますか。
도나따오 오요비시마스까

🔊 (교환수) **당신의 이름과 호실을 말씀하십시오.**
Your name and room number, please.

あなたのお名前とお部屋の番号をどうぞ。
아나따노 오나마에또 오헤야노 방고-오 도-조

🔊 (교환수) **그대로 기다리십시오.**
Hold on, please.

そのままでお待ちください。
소노마마데 오마찌 구다사이

🔊 (교환수) **전화를 끊고 기다려 주십시오.**
Please hang up and wait.

電話を切ってお待ちください。
뎅와오 깃떼 오마찌 구다사이

🔊 (교환수) **자, 말씀하십시오.**
Go ahead, please.

どうぞお話しください。
도-조 오하나시 구다사이

🔊 (교환수) **통화 중입니다.**
The line is busy.

お話し中です。
오하나시쮸-데스

📱 (교환수) 응답이 없습니다.

There's no answer.

お出になりません。

오데니 나리마셍

📱 외선으로 전화하려면 어떻게 하나요?

How do I make an outside call?

外線に電話するにはどうするんですか。

가이센니 뎅와스루니와 도―스룬데스까

📱 방에서 한국으로 전화할 수 있나요?

Can I make a call to Korea from my room?

部屋から韓国に電話をかけられますか。

헤야까라 캉꼬꾸니 뎅와오 가께라레마스까

📱 한국으로 팩스를 보내고 싶은데요.

I'd like to send a fax to Korea.

韓国にファックスを送りたいのですが。

캉꼬꾸니 확꾸스오 오꾸리따이노데스가

📱 (공중전화에서) 이 전화는 한국에 걸립니까?

Can I call Korea with this telephone?

この電話で韓国にかかりますか。

고노 뎅와데 캉꼬꾸니 가까리마스까

📱 전화요금은 얼마입니까?

How much was the charge?

電話料金はいくらですか。

뎅와료―낑와 이꾸라데스까

📧 이 근처에 우체국은 없습니까?

Is there a post office near here?

この近くに郵便局はありませんか。

고노 치까꾸니 유-빙쿄꾸와 아리마셍까

📧 우표는 어디서 살 수 있나요?

Where can I buy stamps?

切手はどこで買えますか。

깃떼와 도꼬데 가에마스까

📧 우표 자동판매기는 어디에 있습니까?

Where's a stamp vending machine?

切手自動販売機はどこですか。

깃떼 지도-함바이끼와 도꼬데스까

📧 한국까지 항공편으로 보내 주세요.

By airmail to Korea, please.

韓国まで航空便で送ってください。

캉꼬꾸마데 코-꾸-빈데 오꿋떼 구다사이

📧 이 소포를 한국으로 보내고 싶은데요.

I'd like to send this parcel to Korea.

この小包を韓国に送りたいのですが。

고노 고즈쓰미오 캉꼬꾸니 오꾸리따이노데스가

📧 이 편지를 부쳐 주세요.

Please send this letter.

この手紙を出してください。

고노 데가미오 다시떼 구다사이

호텔에서의 트러블

호텔 방이 100% 안전하다고 과신해서는 안 됩니다. 비품이 제대로 갖추어져 있지 않거나 불의의 사고로 다치거나, 도둑이 종업원을 가장해 방에 들어와 물건을 훔치는 경우도 적지 않습니다. 문제가 발생했을 때는 그냥 넘어가지 말고 반드시 프런트 데스크에 연락을 취해 해결하도록 합시다.

The _____ (이)가 고장 났습니다.

_____ doesn't work.

_____ が壊(こわ)れています

가 고와레떼 이마스

□ 열쇠	lock	鍵	카기
□ 에어컨	air - conditioner	エアコン	에아꽁
□ 수도꼭지	faucet	蛇口	쟈구찌
□ 히터	heater	ヒーター	히—따—

Q : 잠깐 와 주시겠어요?
Could you send someone up to my room?

ちょっと来(き)てもらえませんか。
춋또 기떼 모라에마셍까

A : 네, 무슨 일이십니까?
Sure, what's the problem?

はい、どういたしましたか。
하이, 도—이따시마시다까

148

방에 들어갈 수 없을 때

📖 **마스터키를 부탁합니다.**
The master key, please.

マスターキーをお願いします。
마스따-키-오 오네가이시마스

📖 **열쇠가 잠겨 방에 들어갈 수 없습니다.**
I locked myself out.

鍵がかかって部屋に入れないんです。
카기가 가깟떼 헤야니 하이레나인데스

📖 **열쇠를 방에 두고 나왔습니다.**
I left the key in my room.

鍵を部屋に忘れました。
카기오 헤야니 와스레마시다

📖 **카드키는 어떻게 사용합니까?**
How do I use the card key?

カードキーはどうやって使うのでしょう？
카-도키-와 도-얏떼 쓰까우노데쇼-

📖 **방 번호를 잊어버렸습니다.**
I forgot my room number.

部屋の番号を忘れました。
헤야노 방고-오 와스레마시다

📖 **복도에 이상한 사람이 있습니다.**
There is a strange person in the corridor.

廊下に不審な人がいます。
로-까니 후신나 히또가 이마스

방을 바꿔달라고 할 때

🛎️ 옆방이 무척 시끄럽습니다.
The next room is very noisy.

となりの部屋がとてもうるさいんです。

도나리노 헤야가 도떼모 우루사인데스

🛎️ (시끄러워서) 잠을 잘 수 없습니다.
I can't sleep.

私は眠れないんです。

와따시와 네무레나인데스

🛎️ 방을 바꿔 주세요.
Could you give me a different room?

部屋を替えてください。

헤야오 가에떼 구다사이

수리를 원할 때

🛎️ 화장실 물이 잘 흐르지 않습니다.
This toilet doesn't flush well.

トイレの水がよく流れません。

토이레노 미즈가 요꾸 나가레마셍

🛎️ 뜨거운 물이 나오지 않는데요.
There's no hot water.

お湯が出ないのですが。

오유가 데나이노데스가

🛎️ 물이 샙니다.
The water is leaking.

水が漏れています。

미즈가 모레떼 이마스

🛏 수도꼭지가 고장 났습니다.
The faucet is broken.
水道の蛇口が壊れています。
스이도-노 쟈구찌가 고와레떼 이마스

🛏 물이 뜨겁지 않습니다.
The water isn't hot enough.
お湯が熱くありません。
오유가 아쯔꾸 아리마셍

🛏 빨리 고쳐 주세요.
Could you fix it now?
すぐ修理に来てください。
스구 슈-리니 기떼 구다사이

청소가 안 됐거나 비품이 없을 때

🛏 방 청소가 아직 안 되었습니다.
My room hasn't been cleaned yet.
部屋がまだ掃除されていません。
헤야가 마다 소-지사레떼 이마셍

🛏 미니바가 비어 있습니다.
The mini - bar is empty.
ミニバーが空っぽです。
미니바-가 카랍뽀데스

🛏 타월을 바꿔 주세요.
Can I get a new towel?
タオルを取り替えてください。
타오루오 도리까에떼 구다사이

UNIT

07

체크아웃

아침 일찍 호텔을 떠날 때는 가능하면 전날 밤 짐을 꾸려 다음 날 아침 짐을 가지러 오도록 미리 벨캡틴에게 부탁해두면 좋습니다. 택시를 부르거나 공항 버스 시각을 알아두고 체크아웃 예약도 전날 밤 해두면 편하게 출발할 수 있습니다. 방을 나갈 때는 잃은 물건이 없는지 확인하도록 합시다.

_____ 은(는) 무엇입니까?

What is this _____ ?

_____ は何^{なん}ですか。

와 난지데스까

□	요금	charge for	料金	료―낑
□	숫자	figure	数字	스―지
□	추가요금	additional charge for	追加料金	쓰이까 료―낑

Q : 체크아웃을 부탁합니다.
I'd like to check out now.

チェックアウトをお願^{ねが}いします。
첵꾸아우또오 오네가이시마스

A : 몇 호실입니까?
What's your room number?

部屋番号^{へ や ばんごう}は何号室^{なんごうしつ}ですか。
헤야방고―와 낭고―시쯔데스까

🔊 체크아웃은 몇 시입니까?

When is check out time?

チェックアウトタイムは何時ですか。

쳇꾸아우또 타이무와 난지데스까

🔊 몇 시에 떠날 겁니까?

What time are you leaving?

ご出発は何時ですか。

고슙빠쯔와 난지데스까

🔊 하룻밤 더 묵고 싶은데요.

I'd like to stay one more night.

もう一泊したいのですが。

모- 입빠꾸 시따이노데스가

🔊 하루 일찍 떠나고 싶은데요.

I'd like to leave one day earlier.

一日早く発ちたいのですが。

이찌니찌 하야꾸 다찌따이노데스가

🔊 오후까지 방을 쓸 수 있나요?

May I use the room till this afternoon?

午後まで部屋を使えますか。

고고마데 헤야오 쓰까에마스까

🔊 오전 10시에 택시를 불러 주세요.

Please call a taxi for me at 10 a.m.

午前10時にタクシーを呼んでください。

고젠 쥬-지니 타꾸시-오 욘데 구다사이

🔊 (전화로) 체크아웃을 하고 싶은데요.
Check out, please.

チェックアウトをしたいのですが。
첵꾸아우또오 시따이노데스가

🔊 1234호실 홍길동입니다.
My name is Kil - dong Hong, Room 1234.

1234号室のホンギルドンです。
센니햐꾸 산쥬―용 고―시쯔노 홍기루동데스

🔊 포터를 보내 주세요.
A porter, please.

ポーターをお願いします。
뽀―따오 오네가이시마스

🔊 맡긴 귀중품을 꺼내 주세요.
I'd like my valuables from the safe.

預けておいた貴重品を出してください。
아즈께떼 오이따 기쬬힝오 다시떼 구다사이

🔊 출발할 때까지 짐을 맡아 주시겠어요?
Could you keep my baggage until my departure time?

出発まで荷物を預かってもらえますか。
슙빠쯔마데 니모쯔오 아즈깟떼 모라에마스까

🔊 방에 물건을 두고 나왔습니다.
I left something in my room.

部屋に忘れ物をしました。
헤야니 와스레모노오 시마시다

🛎 계산을 부탁합니다.
My bill, please.
会計をお願いします。
카이께-오 오네가이시마스

🛎 신용카드도 됩니까?
Do you accept a credit card?
クレジットカードで支払いできますか。
쿠레짓또카-도데 시하라이 데끼마스까

🛎 여행자수표도 됩니까?
Do you accept a traveler's check?
トラベラーズチェックで支払いできますか。
토라베라-즈첵꾸데 시하라이 데끼마스까

🛎 전부 포함된 겁니까?
Is everything included?
全部込みですか。
젬부 꼬미데스까

🛎 계산이 틀린 것 같은데요.
I think there is a mistake on this bill.
計算違いがあるようです。
케-산치가이가 아루요-데스

🛎 고맙습니다. 즐겁게 보냈습니다.
Thank you. I enjoyed my stay.
ありがとう。快適な滞在でした。
아리가또- 카이떼끼나 타이자이데시다

호텔에서 볼 수 있는 게시판		
入口	ENTRANCE	입구
出口	EXIT/WAY OUT	출구
携帯品の預り所	CLOAKROOM	휴대품 보관소
別館	ANNEX	별관
男子用	GENTLEMAN/MEN	남자 화장실
女子用	LADIES/WOMEN	여자 화장실
現金出納員	CASHIER	현금 출납원
部屋掃除中	MAKE UP ROOM	방 청소 중
受付	REGISTRATION/FRONT DESK	접수처
非常口	EMERGENCY EXIT FIRE EXIT	비상구
関係者以外に 立入禁止	EMPLOYEES ONLY	관계자 외 출입금지
面会謝絶	DO NOT DISTURB	면회사절
食堂	DINING ROOM	식당
コーヒーショップ	COFFEE SHOP	커피숍
観光ホテル	TOURIST HOTEL	관광호텔
メイド	MAID	메이드
支配人	MANAGER	지배인
ロビ	LOBBY	로비

4

식 사

식사에 관한 정보

✦ 일본 식당을 이용할 때 주의할 점

❶ 식당에 가면 오시보리라고 하는 물수건이 비닐봉지에 담겨 있거나 작은 받침 그릇에 놓여 있는데, 이것으로 식사하기 전에 손이나 얼굴을 닦는다.

❷ 일본 식당에서는 식사할 때 숟가락을 쓰지 않는다. 특히 국은 그릇을 왼손으로 들고, 오른손 젓가락으로 가볍게 저어가며 마신다.

❸ 된장국이나 우동 등의 국물을 먹을 때 약간 소리를 내어서 먹는 것이 어느 정도 허용된다.

❹ 중국 식당을 제외하고 대부분 종이로 포장된 나무젓가락을 사용한다. 젓가락은 하시오키라고 하는 젓가락 받침대 위에 가로로 놓여 있다.

❺ 나무 그릇에 담아 주는 면류의 식사는 한입에 넣을 만큼 집어서 입으로 가져가서 먹는다. 뜨거운 국물에 담긴 면류를 먹을 때는 그릇을 들고 국물을 마신다.

❻ 일본식 식사의 경우 반찬으로 나오는 노란무, 야채, 생선 등의 양이 적은데, 만일 반찬을 더 시킬 경우 약 200~500엔 정도 추가 요금을 내야 한다.

❼ 종업원의 도움이 필요할 때는 스미마셍(실례합니다)이라는 말로 부른다.

❽ 식사하는 사람이 많아서 자리를 찾기 어려울 경우 종업원이나 주인에게 안내를 받는다.

✦ 일본의 음식 종류

• 스시(寿司): 스시는 생선과 야채, 식초, 소금, 그리고 미림(조미료로 쓰는 쌀술)을 이용해 만든 요리로 간장에 찍어 먹는다. 오이, 무절임, 계란 오믈렛 등이 스시와 함께 나온다. 니기리(생선초밥)를 주문하면 한 번에 2개씩 나오고 세트 주문하는 것도 가능하다.

• 사시미(刺身): 이카(오징어), 히라메(광어), 다코(문어), 다이(도미) 등을 써서 만든 회요리. 사시미에 쓰는 재료와 요리 방법, 포를 뜨는 방법에 따라서

그 종류가 무진장이다. 특히 일본인들은 마구로(참치) 회를 즐겨 먹는다. 사시미는 간장과 와사비, 야쿠미 등의 양념에 찍어 먹는다.

- 쓰키다시(付き出し): 본요리가 나오기 전에 식욕을 촉진시키기 위해서 제공되는 음식. 계절이나 본요리에 따라서 생선, 미역, 해삼, 달걀 두부, 죽순 두부 등 나오는 음식이 다양하다.

- 야키모노(焼き物): 석쇠나 철판, 꼬챙이 등에 구운 요리로 종류가 매우 다양하다. 양념 없이 불에 직접 구운 후 양념 간장을 곁들이는 시라야키(白焼き), 간장을 발라서 굽는 데리야키(照り焼き), 소금을 뿌려서 굽는 시오야키(塩焼き) 등이 있다.

- 스이모노(吸物): 장국과 된장국으로 대표되는 국을 말한다. 일본인들은 국을 수저로 떠먹지 않고 그릇째 들고 마신다.

- 스노모노(酢物): 설탕·식초·간장 등을 넣어 새콤하게 무친 초무침 요리. 서양의 샐러드와 비슷하다.

- 니모노(煮物): 다시마나 가다랭이포 국물에 육류, 어패류, 야채류 등을 넣고 조린 요리. 반찬과 술안주로 일본인들이 즐겨 먹는다.

- 소바(そば): 고구마 전분과 계란을 첨가해서 만든 메밀가루로 요리한 국수. 국물을 뜨겁게 해서 먹거나, 차가운 간장 국물에 조금씩 찍어서 먹기도 한다. 조미료로 파를 잘게 썰어서 넣거나 다른 양념을 넣어서 조리한다.

- 우동(うどん): 밀가루로 만든 일본 국수. 간장 국물에 담갔다가 먹거나 얇게 썬 파와 고춧가루를 넣은 뜨거운 국물에 말아 먹는다.

- 덴푸라(てんぷら): 해산물이나 야채 등의 재료에 계란을 섞어서 밀가루에 반죽해 식용유에 튀긴 것. 보통 간장에 찍어 먹는다.

- 스키야키(すきやき): 간장과 청주, 설탕 등의 양념에 얇게 저민 연한 고기 조각과 두부, 버섯, 파 등을 넣어 끓인 고기 야채 요리.

- 라멘(ラーメン): 우리나라의 라면과 비슷하지만 일본의 라멘은 인스턴트식품이 아니고 중국식 밀가루 국수를 간장이나 된장으로 양념한 국물에 말아서 먹는다. 얇게 저민 돼지고기, 콩나물, 죽순 등을 국물에 곁들여 먹기도 한다.

Travel Japanese

UNIT 01

식당 찾기·예약하기

일본요리를 맛볼 수 있는 곳은 고급 레스토랑에서 저렴한 대중음식점에 이르 기까지 다양하므로 자신의 취향대로 가면 됩니다. 일본의 대중식당의 경우 보 통 바깥 쇼윈도우에 모형음식이 전시되어 있습니다. 일본요리는 우리와 거의 비슷한 재료를 사용해서 요리를 하지만, 대체로 맛이 달고 싱겁습니다.

가장 가까운 _____ 식당은 어디입니까?

Where is the nearest _____ restaurant?

最寄りの _____ レストランはどこですか。
も よ

모요리노   레스또랑와 도꼬데스까

☐	한국	Korean	韓国	캉꼬꾸
☐	일본	Japanese	日本	니혼
☐	중국	Chinese	中国	츄-고꾸
☐	프랑스	French	フランス	후란스

Q : 예약이 필요합니까?

Do we need a reservation?

予約は必要ですか。
よ やく   ひつよう

요야꾸와 히쯔요-데스까

A : 아니오. 그냥 오셔도 됩니다.

No, sir. Walk right in.

いいえ。予約なしでけっこうです。
よ やく

이-에. 요야꾸나시데 겍꼬-데스

160

🔖 **이 근처에 맛있게 하는 음식점은 없습니까?**
Is there a good restaurant around here?

この近くにおいしいレストランはありませんか。
고노 치까꾸니 오이시- 레스또랑와 아리마셍까

🔖 **이곳에 한국 식당은 있습니까?**
Do you have a Korean restaurant?

この町に韓国レストランはありますか。
고노 마치니 칸코쿠레스또랑와 아리마스까

🔖 **이 지방의 명물요리를 먹고 싶은데요.**
I'd like to have some local food.

この土地の名物料理が食べたいのです。
고노 토찌노 메-부쯔료-리가 다베따이노데스

🔖 **음식을 맛있게 하는 가게가 있으면 가르쳐 주세요.**
Could you recommend a popular restaurant?

評判の店を教えてください。
효-반노 미세오 오시에떼 구다사이

🔖 **싸고 맛있는 가게는 있습니까?**
Do you know a nice, reasonably - priced restaurant?

手頃な値段でおいしい店はありますか。
데고로나 네당데 오이시- 미세와 아리마스까

🔖 **가볍게 식사를 하고 싶은데요.**
I'd like to have a light meal.

軽い食事をしたいのです。
가루이 쇼꾸지오 시따이노데스

🎵 **이 시간에 문을 연 가게는 있습니까?**

Is there a restaurant open at this time?

この時間に開いている店はありますか。

고노 지깐니 아이떼이루 미세와 아리마스까

🎵 **(책을 보이며) 이 가게는 어디에 있습니까?**

Where is this restaurant?

この店はどこにありますか。

고노 미세와 도꼬니 아리마스까

🎵 **이 지도 어디에 있습니까?**

Would you show me on this map?

この地図のどこですか。

고노 치즈노 도꼬데스까

🎵 **걸어서 갈 수 있습니까?**

Can I get there on foot?

歩いて行けますか。

아루이떼 이께마스까

🎵 **몇 시부터 엽니까?**

What time does it open?

何時から開いていますか。

난지까라 아이떼 이마스까

🎵 **조용한 분위기의 레스토랑이 좋겠습니다.**

I'd like a quiet restaurant.

静かな雰囲気のレストランがいいです。

시즈까나 훙이끼노 레스또랑가 이-데스

🎵 붐비는 레스토랑이 좋겠습니다.
I'd like a restaurant with a cheerful atmosphere.
賑やかなレストランがいいです。
니기야까나 레스또랑가 이-데스

🎵 식당이 많은 곳은 어디입니까?
Where is the main area for restaurants?
レストランが多いのはどの辺りですか。
레스또랑가 오-이노와 도노 아따리데스까

🎵 로마라는 이탈리아 식당을 아십니까?
Do you know an Italian restaurant called Roma?
ローマという名前のイタリア料理店を知りませんか。
로-마또이우 나마에노 이따리아 료-리뗑오 시리마셍까

🎵 이곳 사람들이 많이 가는 식당이 있습니까?
Are there any restaurant where mostly local people go?
地元の人がよく行くレストランはありますか。
지모또노 히또가 요꾸 이꾸 레스또랑와 아리마스까

🎵 예약이 필요한가요?
Do we need a reservation?
予約は必要ですか。
요야꾸와 히쯔요-데스까

📋 **그 레스토랑을 예약해 주세요.**

Make a reservation for the restaurant, please.

その レストランに予約してください。

소노 레스또란니 요야꾸시떼 구다사이

📋 **여기서 예약할 수 있나요?**

Can we make a reservation here?

ここで予約できますか。

고꼬데 요야꾸 데끼마스까

📋 **오늘 밤 예약하고 싶은데요.**

I'd like to make a reservation for tonight.

今晩、席を予約したいのです。

곰방, 세끼오 요야꾸 시따이노데스

📋 **(주인) 손님은 몇 분이십니까?**

How large is your party?

お客様は何人ですか。

오캬꾸사마와 난닌데스까

📋 **오후 6시 반에 5명이 갑니다.**

Five persons at 6:30 p.m.

午後6時半に5人で行きます。

고고 로꾸지한니 고닌데 이끼마스

📋 **전원 같은 자리로 해 주세요.**

We'd like to have a table together.

全員いっしょの席でお願いします。

젠잉 잇쇼노 세끼데 오네가이시마스

🔊 거기는 어떻게 갑니까?

How can I get there?

そちらへはどうやって行くのですか。

소찌라에와 도－얏떼 이꾸노데스까

🔊 (주인) 몇 시가 좋으시겠습니까?

What times is available?

何時なら大丈夫ですか。

난지나라 다이죠－부데스까

🔊 몇 시에 자리가 납니까?

What time can we reserve a table?

何時なら席をとれますか。

난지나라 세끼오 도레마스까

🔊 복장에 규제는 있습니까?

Is there a dress code?

服装について決まりはありますか。

후꾸소－니 쓰이떼 기마리와 아리마스까

🔊 금연(흡연)석으로 부탁합니다.

We'd like a non - smoking(smoking) table.

禁煙(喫煙)席にしてください。

깅엔(기쯔엔)세끼니 시떼 구다사이

🔊 미안합니다. 예약을 취소하고 싶습니다.

I'm sorry, but I want to cancel my reservation.

すみません、予約を取り消したいのです。

스미마셍,　　　요야꾸오 도리께시따이노데스

UNIT 02 식사 주문

식당으로 들어서면 종업원의 안내에 따라 테이블이 정해지고 주문을 받게 됩니다. 메뉴를 보고 싶을 때는 종업원에게 メニューを見せてくれますか라고 하고, 주문할 요리가 정해지면 메뉴를 가리키며 これをください라고 하면 됩니다. 식사 중에 더 시킬 때는 먹고 손으로 가리키며 おかわりどうぞ라고 하면 됩니다.

```
_____ 을(를) 주세요.
_____ please.
_____ をお願いします。
오 오네가이시마스
```

□	소고기덮밥	gyudon	牛丼	규-동
□	튀김	tempura	てんぷら	뎀뿌라
□	불고기	yakiniku	焼肉	야끼니꾸
□	전골	sukiyaki	鋤焼	스끼야끼

Q : 주문하시겠습니까?
Are you ready to order?
ご注文はよろしいでしょうか。
고츄-몽와 요로시-데쇼-까

A : 아직 정하지 않았습니다.
Not yet.
まだ決めていません。
마다 기메떼 이마셍

🔊 **안녕하세요. 예약은 하셨습니까?**

Good evening. Do you have a reservation?

こんばんは。ご予約はいただいていますか。

곰방와.　　　　고요야꾸와 이따다이떼 이마스까

🔊 **6시에 예약한 홍길동입니다.**

My name is Kil - dong Hong. I have a reservation at six.

6時に予約しているホンギルドンです。

로꾸지니 요야꾸시떼 이루 홍기루동데스

🔊 **예약을 하지 않았습니다.**

We don't have a reservation.

予約はしておりません。

요야꾸와 시떼 오리마셍

🔊 **몇 분이십니까?**

How many in your party?

何名様ですか。

남메-사마데스까

🔊 **안내해드릴 때까지 기다려 주십시오.**

Please wait to be seated.

ご案内するまでお待ちください。

고안나이스루마데 오마찌 구다사이

🔊 **조용한 안쪽 자리로 부탁합니다.**

We'd like to have a table in a quiet corner.

静かな奥の席にお願いします。

시즈까나 오꾸노 세끼니 오네가이시마스

메뉴를 볼 때

📖 **메뉴 좀 보여 주세요.**
May I see the menu?

メニューを見せてください。
메뉴-오 미세떼 구다사이

📖 **한국어 메뉴는 있습니까?**
Do you have a menu in Korean?

韓国語メニューはありますか。
캉꼬꾸고 메뉴-와 아리마스까

📖 **메뉴에 대해서 가르쳐 주세요.**
Would you help me with this menu?

メニューについて教えてください。
메뉴-니 쓰이떼 오시에떼 구다사이

📖 **이 지방의 명물요리는 있습니까?**
Do you have any local dishes?

この地方の名物料理はありますか。
고노 치호-노 메-부쯔료-리와 아리마스까

📖 **무엇을 권하시겠습니까?**
What do you recommend?

何がおすすめですか。
나니가 오스스메데스까

📖 **나중에 다시 오실래요?**
Could you come back later?

またあとで来てもらえますか。
마따 아또데 기떼 모라에마스까

📖 (웨이터) **주문하시겠습니까?**
Are you ready to order?

ご注文をおうかがいできますか。

고츄-몽오 오우까가이 데끼마스까

📖 **잠깐 기다려 주세요.**
We need a little more time.

もうちょっと待ってください。

모- 춋또 맛떼 구다사이

📖 (웨이터를 부르며) **주문받으세요.**
We are ready to order.

注文をしたいのですが。

츄-몽오 시따이노데스가

📖 (웨이터) **음료는 무엇으로 하시겠습니까?**
What would you like to drink?

飲み物は何になさいますか。

노미모노와 나니니 나사이마스까

📖 **이것으로 부탁합니다.**
I'll take this one.

これをお願いします。

고레오 오네가이시마스

📖 **여기서 잘하는 요리는 무엇입니까?**
What is the specialty of the house?

ここの自慢料理は何ですか。

고꼬노 지만료-리와 난데스까

📖 오늘 특별 요리가 있습니까?

Do you have today's special?

本日の特別料理はありますか。

혼지쯔노 토꾸베쯔료-리와 아리마스까

📖 (메뉴를 가리키며) 이것과 이것으로 주세요.

This and this, please.

これとこれをお願いします。

고레또 고레오 오네가이시마스

📖 저도 같은 것으로 주세요.

I'll have the same.

私にも同じ物をお願いします。

와따시니모 오나지모노오 오네가이시마스

📖 빨리 되는 것은 있습니까?

Do you have anything ready quickly?

何か早くできる物はありますか。

나니까 하야꾸 데끼루 모노와 아리마스까

📖 저것과 같은 요리를 주시겠어요?

Can I have the same dish as that?

あれと同じ料理をください。

아레또 오나지 료-리오 구다사이

📖 빨리 됩니까?

Can I have it right away?

すぐできますか。

스구 데끼마스까

🛎 이것은 무슨 요리입니까?

What kind of dish is this?

これはどういう料理ですか。

고레와 도-이우 료-리데스까

🛎 어떤 요리인지 설명해 주시겠어요?

Can you explain this dish?

どんな料理か説明してもらえますか。

돈나 료-리까 세쯔메-시떼 모라에마스까

🛎 요리재료는 뭡니까?

What are the ingredients?

食材は何ですか。

쇼꾸자이와 난데스까

🛎 이건 맵습니까?

Is this spicy?

これは辛いですか。

고레와 카라이데스까

🛎 (웨이터) 다른 주문은 없으십니까?

Anything else?

ほかにご注文はございますか。

호까니 고츄-몽와 고자이마스까

🛎 디저트는 어떻게 하시겠습니까?

What would you like to have for dessert?

デザートはいかがなさいますか。

데자-또와 이까가 나사이마스까

요 리		
한국요리	韓国料理(かんこくりょうり)	캉꼬꾸료–리
일본요리	日本料理(にほんりょうり)	니혼료–리
중국요리	中華料理(ちゅうかりょうり)	츄–까료–리
양식	洋食(ようしょく)	요–쇼꾸
생선요리	魚料理(さかなりょうり)	사까나료–리
고기요리	肉料理(にくりょうり)	니꾸료–리

식 당		
테이블	テーブル	테–부루
좌석	座席(ざせき)	자세끼
의자	椅子(いす)	이스
메뉴	メニュー	메뉴–
주문	注文(ちゅうもん)	츄–몽
물	水(みず)	미즈
따뜻한 물	お湯(ゆ)	오유
야채	野菜(やさい)	야사이
과일	果物(くだもの)	구다모노
소금	塩(しお)	시오
간장	醤油(しょうゆ)	쇼–유
물수건	おしぼり	오시보리
이쑤시개	楊枝(ようじ)	요–지
재떨이	灰皿(はいざら)	하이자라
나이프	ナイフ	나이후
포크	フォーク	훠–쿠
스푼	スプーン	스푸–ㄴ
밥그릇	茶碗(ちゃわん)	챠왕
접시	皿(さら)	사라
찻주전자	急須(きゅうす)	큐–스
찻잔	湯呑(ゆのみ)	유노미

전 골	
스키야키	すきやき 스끼야끼
계란	卵(たまご) 다마고
(전골)육수	割下(わりした) 와리시따
파	ねぎ 네기
냄비	鍋(なべ) 나베
두부	豆腐(とうふ) 토-후
표고버섯	椎茸(しいたけ) 시이타께
소고기	牛肉(ぎゅうにく) 규-니꾸
밥	ご飯(はん) 고항
젓가락	おはし 오하시
숟가락	おさじ 오사지

튀 김	
튀김	てんぷら 뎀뿌라
새우	えび 에비
야채	野菜(やさい) 야사이
무즙	大根(だいこん)おろし 다이꽁오로시
튀김간장	天(てん)つゆ 텐쓰유
절임	漬物(つけもの) 쓰께모노
일본차	お茶(ちゃ) 오쨔
된장국	味噌汁(みそしる) 미소시루

초 밥	
초밥	寿司(すし) 스시
참치	まぐろ 마구로
참치 복부살	とろ 도로
연어알	いくら 이꾸라
오징어	いか 이까
붕장어	あなご 아나고
오이김밥	かっぱ 갑빠
참치김밥	鉄火(てっか) 텍까
고추냉이	わさび 와사비

식사를 하면서

일본 식당에서는 식사할 때 숟가락을 사용하지 않습니다. 특히 국은 그릇을 왼손으로 들고, 오른손 젓가락으로 가볍게 저어가며 마시며, 된장국이나 우동 등의 국물을 먹을 때 약간 소리를 내어서 먹는 것이 어느 정도 허용됩니다. 종업원의 도움이 필요할 때는 'すみません(실례합니다)'이라는 말로 부르면 됩니다.

여보세요! _____ 좀 갖다 주시겠어요?

Could I have some _____ , please?

すみません。 _____ をお願_{ねが}いします。

스미마셍 오 오네가이시마스

☐ 소금	salt	塩	시오
☐ 후춧가루	pepper	こしょう	코쇼-
☐ 간장	soybean sauce	醤油	쇼-유
☐ 설탕	sugar	砂糖	사또-

Q : 여기요. 웨이터!

Excuse me. Waiter!

すみません。ウェイターさん!

스미마셍. 웨이따-상

A : 네, 무슨 일입니까?

Yes. Can I help you?

はい。何_{なん}でしょうか。

하이. 난데쇼-까

먹는 법 · 재료를 물을 때

🗣 **먹는 법을 가르쳐 주시겠어요?**
Could you tell me how to eat this?
食べ方を教えてください。
다베까따오 오시에떼 구다사이

🗣 **이건 어떻게 먹으면 됩니까?**
How do I eat this?
これはどうやって食べたらいいですか。
고레와 도−얏떼 다베따라 이−데스까

🗣 **이 고기는 무엇입니까?**
What kind of meat is this?
このお肉は何ですか。
고노 오니꾸와 난데스까

🗣 **이것은 재료로 무엇을 사용한 겁니까?**
What are the ingredients for this?
これは材料に何を使っているのですか。
고레와 자이료−니 나니오 쓰깟떼 이루노데스까

필요한 것을 부탁할 때

🗣 **빵을 좀 더 주세요.**
Can I have more bread?
もう少しパンをください。
모− 스꼬시 팡오 구다사이

🗣 **디저트 메뉴는 있습니까?**
Do you have a dessert menu?
デザートメニューはありますか。
데자−또 메뉴−와 아리마스까

🍴 물 한 잔 주세요.
I'd like a glass of water, please.

水を一杯ください。
미즈오 입빠이 구다사이

🍴 소금 좀 갖다 주시겠어요?
Could I have some salt, please?

塩をいただけますか。
시오오 이따다께마스까

🍴 젓가락을 떨어뜨렸습니다.
I dropped my chopsticks.

箸を落としてしまいました。
하시오 오또시떼 시마이마시다

🍴 나이프(포크)를 떨어뜨렸습니다.
I dropped my knife(fork).

ナイフ(フォーク)を落としてしまいました。
나이후(휘-꾸)오 오또시떼 시마이마시다

🍴 ~을 추가로 부탁합니다.
I'd like to order some more~.

~おかわりお願いします。
~오까와리 오네가이 시마스

디저트·식사를 마칠 때

🍴 디저트를 주세요.
I'd like a dessert, please.

デザートをください。
데자-또오 구다사이

176

🔊 디저트는 뭐가 있나요?
What do you have for dessert?

デザートは何がありますか。
데자-또와 나니가 아리마스까

🔊 (디저트를 권할 때) 아뇨, 됐습니다.
No, thank you.

いいえ、結構です。
이-에, 겍꼬-데스

🔊 이걸 치워주시겠어요?
Could you please take this away?

これを下げてください。
고레오 사게떼 구다사이

🔊 (맛은) 어떠십니까?
Is everything all right?

いかがですか。
이까가데스까

🔊 맛있는데요!
This is good!

これはおいしいです。
고레와 오이시-데스

🔊 (동석한 사람에게) 담배를 피워도 되겠습니까?
May I smoke?

タバコを吸ってもいいですか。
다바꼬오 슷떼모 이-데스까

UNIT 04

술집에서

무엇이든 공통의 체험을 하면 할수록 친밀감은 한층 더 깊어집니다. 一杯いかが라고 권하며 잠깐 한잔하는 것도 일본어를 할 수 있는 좋은 기회입니다. 일본은 한국과는 달리 술을 권할 때는 한손으로 따라도 됩니다. 그리고 상대방의 잔에 술이 조금 남아 있을 때는 첨잔하는 것도 한국과는 크게 다른 점입니다.

May I have a

_____ 을(를) 주시겠어요?

_____ , please?

_____ をお願いします。

오 오네가이 시마스

□	맥주	beer	ビール	비-루
□	와인	wine	ワイン	와잉
□	위스키	whiskey	ウイスキー	우이스끼-
□	스카치	scotch	スコッチ	스콧치

Q : 와인은 어떠십니까?
Would you care for wine?

ワインはいかがですか。
와잉와 이까가데스까

A : 와인 목록은 있습니까?
Do you have a wine list?

ワインリストはありますか。
와인 리스또와 아리마스까

술을 주문할 때

🍺 이 요리에는 어느 와인이 맞습니까?
Which wine goes with this dish?
この料理にはどのワインが合いますか。
고노 료-리니와 도노 와잉가 아이마스까

🍺 글라스로 주문됩니까?
Can I order it by the glass?
グラスで注文できますか。
구라스데 츄-몬 데끼마스까

🍺 레드와인을 한 잔 주세요.
I'd like a glass of red wine.
赤ワインを一杯ください。
아까와잉오 입빠이 구다사이

🍺 생맥주는 있습니까?
Do you have a draft beer?
生ビールはありますか。
나마비-루와 아리마스까

🍺 식사하기 전에 무슨 마실 것을 드릴까요?
Would you care for something to drink before dinner?
食事の前に何かお飲み物はいかがですか。
쇼꾸지노 마에니 나니까 오노미모노와 이까가데스까

🍺 이 지방의 독특한 술입니까?
Is it a local alcohol?
この土地の特有のお酒ですか。
고노 토찌노 토꾸유-노 오사께데스까

🛎 어떤 맥주가 있습니까?
What kind of beer do you have?

どんなビールがありますか。
돈나 비-루가 아리마스까

🛎 (웨이터) 음료는 어떻게 하시겠습니까?
Anything to drink?

お飲み物はどうなさいますか。
오노미모노와 도- 나사이마스까

🛎 물만 주시겠어요?
Can I just have water, please?

水でけっこうです。
미즈데 겍꼬-데스

🛎 뭔가 먹을 것은 없습니까?
Do you have something to eat?

何か食べる物はありますか。
나니까 다베루 모노와 아리마스까

🛎 어떤 술입니까?
What kind of alcohol is it?

どんなお酒ですか。
돈나 오사께데스까

🛎 가벼운 술이 좋겠습니다.
I'd like a light alcohol.

軽いお酒がいいです。
가루이 오사께가 이-데스

술을 마실 때

🍺 **맥주가 별로 차갑지 않네요.**
The beer isn't cool enough.
ビールがあまり冷^ひえていません。
비루가 아마리 히에 떼이마셍

🍺 **건배!**
Cheers!
乾杯^{かんぱい}!
감빠이

🍺 **한 잔 더 주세요.**
Another one, please.
もう一杯^{いっぱい}ください。
모- 입빠이 구다사이

🍺 **한 병 더 주세요.**
May I have another one?
もう一本^{いっぽん}おかわりください。
모- 입뽕 오까와리 구다사이

🍺 **생수 좀 주세요.**
I'll have a mineral water.
ミネラルウォーターをください。
미네라루 워-따-오 구다사이

🍺 **제가 내겠습니다.**
It's on me, please.
私^{わたし}におごらせてください。
와따시니 오고라세떼 구다사이

UNIT
05

식당에서의 트러블

테이블에 앉을 때는 오른손으로 의자를 잡아당겨 왼쪽에서 앉습니다. 테이블에는 각 담당의 웨이터가 정해져 있으므로 무언가를 부탁하거나 식사 중에 문제가 발생하면 먼저 담당 웨이터를 부릅니다. 식사 중에 나이프나 포크를 떨어뜨렸으면 자신이 줍지 말고 웨이터를 불러 다시 가져오도록 합니다.

이건 너무 _____ .

I think this is a little too _____ .

これは少し _____ すぎます。

고레와 스꼬시 _____ 스기마스

□	짭니다	salty	塩辛い	시오카라이
□	답니다	sweet	甘い	아마이
□	맵습니다	hot	辛い	카라이
□	십니다	sour	酸っぱい	습빠이

Q : 이건 주문하지 않았는데요.
I didn't order this.

これは注文していませんが。
고레와 츄-몬시떼 이마셍가

A : 아, 그렇습니까?
You didn't, sir?

あ、さようでございましたか。
아, 사요-데 고자이마시다까

🗊 **주문한 게 아직 안 나왔습니다.**
My order hasn't come yet.
注文したものが来ていません。
츄ー몬시따 모노가 기떼 이마셍

🗊 **어느 정도 기다려야 합니까?**
How long do we have to wait?
どのくらい待ちますか。
도노쿠라이 마찌마스까

🗊 **아직 시간이 많이 걸립니까?**
Will it take much longer?
まただいぶ時間がかかりますか。
마다 다이부 지깡가 가까리마스까

🗊 **조금 서둘러 주시겠어요?**
Would you rush my order?
少し急いでくれませんか。
스꼬시 이소이데 구레마셍까

🗊 **벌써 30분이나 기다리고 있습니다.**
I've been waiting for thirty minutes.
もう30分も待っています。
모ー 산즙뽐모 맛떼 이마스

🗊 **커피를 두 잔 부탁했는데요.**
I ordered two cups of coffee.
コーヒーを二つ頼んだのですが。
코ー히ー오 후따쯔 다논다노데스가

🔊 이건 주문하지 않았는데요.

I don't think I ordered this.

これは注文していませんが。

고레와 츄-몬시떼 이마셍가

🔊 주문을 확인해 주시겠어요?

Can you please check my order?

注文を確かめてください。

츄-몽오 다시까메떼 구다사이

🔊 주문을 취소하고 싶은데요.

I want to cancel my order.

注文をキャンセルしたいのですが。

츄-몽오 캰세루 시따이노데스가

🔊 주문을 바꿔도 되겠습니까?

Can I change my order?

注文を変えてもいいですか。

츄-몽오 가에떼모 이-데스까

🔊 글라스가 더럽습니다.

The glass isn't clean.

グラスが汚れています。

구라스가 요고레떼 이마스

🔊 새것으로 바꿔 주세요.

Please change this for new one.

新しいのと取り替えてください。

아따라시-노또 도리까에떼 구다사이

184

🎵 수프에 뭐가 들어 있습니다.
There's something in the soup.

スープに何か入っています。
수-뿌니 나니까 하잇떼 이마스

🎵 요리가 덜 된 것 같네요.
This is not cooked enough.

ちょっと火が通っていないようですが。
춋또 히가 도옷떼 이나이 요-데스가

🎵 이 스테이크는 너무 구워졌어요.
I think this steak is overdone.

このステーキは焼きすぎです。
고노 스떼-끼와 야끼스기데스

🎵 홍차가 식었습니다.
This isn't hot enough.

紅茶が冷めています。
코-쨔가 사메떼 이마스

🎵 이 요리를 데워 주세요.
Please warm this dish up.

この料理を温めてください。
고노 료-리오 아따따메떼 구다사이

🎵 너무 많아서 먹을 수 없습니다.
It is more than I can eat.

ちょっと多すぎて食べられません。
춋또 오-스기떼 다베라레마셍

UNIT

06 패스트푸드점에서

패스트푸드는 레스토랑보다도 훨씬 가볍게 이용할 수 있습니다. 그 자리에서 만들어 주는 샌드위치나 핫도그, 포테이토칩 등은 시간이 없을 때 간단히 먹을 수 있는 것들입니다. 그 자리에서 먹을 때는 ここで食べます라고 하고, 가지고 나갈 때는 持って帰ります라고 하면 됩니다.

	와(과) 미디엄 콜라 주세요.
	and a medium coke, please.
	とコーラのMをください。
	또 코―라노 에무오 구다사이

□	햄버거	hamburger	ハンバーガー	함바―가―
□	포테이토	French fries	フライドポテト	후라이도 포테또
□	피자	pizza	ピザ	피자
□	프라이드치킨	fried chicken	フライドチキン	후라이도 치킨

Q : 여기서 드시겠습니까, 아니면 포장을 해드릴까요?
For here or to go?

こちらで召し上がりますか、それともお持ち帰りですか。
고찌라데 메시아가리마스까,　소레또모 오모찌카에리데스까

A : 포장해 주세요.
To go. (Take out.)

持って帰ります。
못떼 가에리마스

🗨 **이 근처에 패스트푸드점은 있습니까?**

Is there a fastfood store around here?

この近くにファーストフード店はありますか。

고노 치까꾸니 화-스또후-도몡와 아리마스까

🗨 **햄버거하고 커피 주시겠어요?**

Can I have a hamburger and a coffee, please?

ハンバーガーとコーヒーをください。

함바-가-또 코-히-오 구다사이

🗨 **겨자를 (많이) 발라 주세요.**

With (a lot of) mustard, please.

マスタードを(たっぷり)つけてください。

마스따-도오 (답뿌리) 쓰께떼 구다사이

🗨 **어디서 주문합니까?**

Where do I order?

どこで注文するのですか。

도꼬데 츄-몬스루노데스까

🗨 **2번 세트로 주세요.**

I'll take the number two combo.

2番セットをお願いします。

니반 셋또오 오네가이시마스

🗨 **어느 사이즈로 하시겠습니까?**

Which size would you like?

どのサイズにしますか。

도노 사이즈니 시마스까

🛎 **L(M/S) 사이즈를 주세요.**
Large(Medium/Small), please.

L(M/S) サイズをお願いします。
에루(에무/에스) 사이즈오 오네가이시마스

🛎 **마요네즈는 바르겠습니까?**
Would you like mayonnaise?

マヨネーズは付けますか。
마요네즈와 쓰께마스까

🛎 **아니오, 됐습니다.**
No, thank you.

いいえ、結構です。
이—에, 겍꼬—데스

🛎 **이것을 주세요.**
I'll try it.

これをください。
고레오 구다사이

🛎 **샌드위치를 주세요.**
A sandwich, please.

サンドイッチをください。
산도잇찌오 구다사이

🛎 **케첩을 주세요.**
With ketchup, please.

ケチャップをお願いします。
켓챂뿌오 오네가이시마스

🛎 (재료를 가리키며) **이것을 샌드위치에 넣어 주세요.**
Put this in the sandwich, please.

これをサンドイッチに入れてください。
고레오 산도잇찌니 이레떼 구다사이

주문을 마칠 때

🛎 (주문은) **전부입니다.**
That's all.

これで全部です。
고레데 젬부데스

🛎 **여기서 드시겠습니까, 아니면 가지고 가실 겁니까?**
For here or to go?

こちらで召し上がりますか、それともお持ち帰りですか。
고찌라데 메시아가리마스까,　소레또모 오모찌카에리데스까

🛎 **여기서 먹겠습니다.**
I'll eat here.

ここで食べます。
고꼬데 다베마스

🛎 **가지고 갈 거예요.**
To go(Take out), please.

持って帰ります。
못떼 가에리마스

🛎 **이 자리에 앉아도 되겠습니까?**
Can I sit here?

この席に座ってもいいですか。
고노 세끼니 스왓떼모 이-데스까

패스트푸드 음식 ファスト・フードのたべもの
화스토・후ー도노 다베모노

햄버거
hamburger
ハンバーガー
함바ー가ー

핫도그
hot dog
ホットドッグ
홋또독그

피자
pizza
ピザ
피자

프라이드 포테이토
French fries
フライド・ポテト
후라이도 포떼또

프라이드 치킨
fried chicken
フライド・チキン
후라이도 치킹

도넛
doughnut
ドーナツ
도ー나쯔

아이스크림
ice cream
アイスクリーム
아이스쿠리ー무

비스킷
biscuit
ビスケット
비스켓또

샐러드
salad
サラダ
사라다

샌드위치
sandwich
サンドイッチ
산도잇찌

조미료 ちょうみりょう 쵸- 미료-

케첩(ketchup)
ケチャップ
케챱뿌

머스터드(mustard)
からし
카라시

후추(pepper)
こうしょう
코-쇼-

간장(soy sauce)
醤油(しょうゆ)
쇼-유

소금(salt)
塩(しお)
시오

버터(butter)
バター
바따-

마가린(margarine)
マーガリン
마-가링

설탕(sugar)
砂糖(さとう)
사또-

음료 のみもの 노미모노

커피(coffee)
コーヒー
코-히-

차(tea)
紅茶(こうちゃ)
코-쨔

주스(juice)
ジュース
쥬-스

(커피용)
밀크(milk)
ミルク
미루꾸

우유(milk)
牛乳(ぎゅうにゅう)
규-뉴-

콜라(coke)
コーラ
코-라

핫초코
(hot chocolate)
ホット・チョコレート
홋또 쵸코레-또

191

UNIT 07

 식비·술값 계산

식사가 끝나면 손을 들어서 **すみません**라고 웨이터나 웨이트리스를 불러 **お勘定をお願いします**라고 계산서를 부탁합니다. 계산서에 세금과 봉사료가 포함되어 있는 경우에 팁은 필요 없습니다. 신용카드로 계산을 하고 싶을 때는 **クレジットカードで支払えますか**라고 하면 됩니다.

Is _____ 은(는) 포함되어 있나요?

_____ included?

_____ は含まれていますか。

와 후꾸마레떼 이마스까

	봉사료	service charge	サービス料	사ー비스료ー
-	팁	the tip	チップ	칩뿌
-	커피값	coffee charge	コーヒー代	코ー히ー다이
-	자릿세	seat charge	席代	세끼다이

Q : 더 필요하신 게 있습니까?

Can I get you anything else?

他に何かいかがですか。

호까니 나니까 이까가데스까

A : 계산을 부탁합니다.

Just the bill, please.

お勘定をお願いします。

오칸죠ー오 오네가이시마스

🛎 **매우 맛있었습니다.**
It was very good.

とてもおいしかったです。
도떼모 오이시깟따데스

🛎 **여기서 지불할 수 있나요?**
Can I pay here?

ここで払えますか。
고꼬데 하라에마스까

🛎 **어디서 지불하나요?**
Where shall I pay the bill?

どこで払うのですか。
도꼬데 하라우노데스까

🛎 **따로따로 지불하고 싶은데요.**
Separate checks, please.

別々に支払いをしたいのですが。
베쯔베쯔니 시하라이오 시따이노데스가

🛎 **제가 모두 내겠습니다.**
I'll take care of the bill.

私がまとめて払います。
와따시가 마또메떼 하라이마스

🛎 **제 몫은 얼마인가요?**
How much is my share?

私の分はいくらですか。
와따시노 붕와 이꾸라데스까

🏛 팁은 포함되어 있습니까?

Is the tip included?

チップは含まれていますか。

칩뿌와 후꾸마레떼 이마스까

🏛 제가 내겠습니다.

It's on me.

私のおごりです。

와따시노 오고리데스

🏛 신용카드도 받나요?

Do you accept credit cards?

クレジットカードで支払えますか。

쿠레짓또카-도데 시하라에마스

🏛 현금으로 낼게요.

I'd like to pay in cash.

現金で払います。

겡낀데 하라이마스

계산할 때

🏛 계산해 주세요.

Check, please.

お勘定お願いします。

오깐죠-오네가이시마스

🏛 전부 해서 얼마입니까?

How much is it altogether?

全部でおいくらですか。

젬부데 오이꾸라데스까

🗩 이 요금은 무엇입니까?
  What's this charge for?
  この料金は何ですか。
  고노 료−낑와 난데스까

🗩 계산서를 나눠 주시겠어요?
  Could we have separate checks?
  計算書は分けていただけますか。
  게−산쇼와 와께떼 이따다께마스까

🗩 계산이 틀린 것 같습니다.
  I'm afraid the check is wrong.
  計算が違っているようです。
  게−상가 치갓떼이루 요−데스

🗩 봉사료는 포함되어 있습니까?
  Is it including the service charge?
  サービス料は入っていますか。
  베쯔베쯔니 시하라이오 시따이노데스가

🗩 영수증을 주세요.
  May I have the receipt, please?
  領収書をください。
  료−슈−쇼오 구다사이

🗩 거스름돈이 틀린 것 같은데요.
  I think you gave me the wrong change.
  おつりが違っているようですが。
  오쓰리가 치갓떼이루 요−데스가

패스트푸드	
콜라	コーラ 코-라
햄버거	ハンバーガー 함바-가-
샌드위치	サンドイッチ 산도잇찌
감자튀김	フライドポテト 후라이도포떼또
주스	ジュース 쥬-스
커피	コーヒー 코-히-
냅킨	紙(かみ)ナプキン 가미나뿌낀
프라이드치킨	フライドチキン 후라이도 치낀

일본에서 먹을 수 있는 한국음식	
불고기	ブルゴギ
갈비구이	カルビクイ
육개장	ユッケジャン
갈비탕	カルビタン
곰탕	コムタン
삼계탕	サンゲタン
김치찌개	キムチチゲ
된장찌개	トゥェンジャンチゲ
비빔밥	ビビンパブ
돌솥비빔밥	ドルソッビビンパブ
비빔냉면	ビビンネンミョン
물냉면	ムルネンミョン
칼국수	カルグッス
자장면	ジャヂャンミョン
짬뽕	チャンポン
깍두기	カットゥギ
배추김치	ペチュギムチ
보쌈김치	ポッサムキムチ
물김치	ムルキムチ
고추장	コチュジャン

PART

5

교 통

교통에 관한 정보

일본의 교통비는 세계에서 가장 비싸다. 하지만 그만큼 편리하고 신속 정확하다. 각 도시간의 이동은 대부분 JR열차로 편리하게 연결이 되며 시내버스 및 전차 등도 정해진 시간에 정확하게 이용할 수가 있다. 택시 또한 언제 어디서나 편리하게 이용할 수가 있으므로 교통에 대한 불편함은 느낄 수 없다.

☀ 열차

일본의 열차는 기능과 시설 면에서 세계 최고를 자랑하며 전국을 구석구석 완벽하게 연결하므로 일본을 처음 여행하는 사람도 열차를 이용하면 전혀 불편함을 느낄 수가 없다.

일본의 열차는 특실과 금연석, 자유석(自由席), 지정석(指定席)으로 구분이 되어 있다. 보통 앞쪽의 차량은 지정석, 뒤쪽 차량은 자유석으로 열차 바깥쪽 옆에 한자로 표시가 되어 있다. 지정석은 자신이 앉을 좌석이 정해져 있으며 자유석은 먼저 앉는 사람이 임자이다. 지정석을 원하면 역 안에 있는 티켓 파는 곳(미도리노 마도구찌)이나 여행사에서 원하는 시간대의 지정석 티켓을 받으면 된다.

☀ 택시

기본요금이 지역마다 다르며 대략 500엔(22시~05시 20% 할증)으로 무척 비싼 편이지만 버스 기본요금이 220엔 정도인 것을 감안하면 3~5명이 단거리를 이동할 때는 오히려 경제적이다.

일본의 택시는 합승이 없으며 탑승시간을 기준으로 미터기에 표시된 금액만 지불하면 된다. 모든 역이나 큰 거리에서는 쉽게 택시를 잡을 수가 있지만, 시간이 촉박하거나 택시 잡기가 어려울 때는 전화를 걸거나 내리기 전에 택시기사와 미리 약속을 해두면 정해진 시간에 편리하게 이용할 수 있다. 문은 자동으로 개폐가 되므로 손 댈 필요가 없다.

☀ 시내버스

버스는 기본요금이 220엔 정도지만 일정 구간마다 10~20엔씩 올라간다. 탈 때는 뒷문으로 타면서 뒷문 입구에서 정리권(整理券;자신이 승차한 구역을 표시하는 번호가 적혀져 있다)을 뽑아서 내릴 때 운전석 머리 위에 표시된 금액(자신이 승차한 구역의 번호와 요금이 적혀 있다)만큼 정리권과 함께 요금통에 넣으면 된다.

가능하면 잔돈을 준비하는 것이 좋으며 지폐를 낼 경우에는 버스기사에게 미리 말을 하고 반드시 지폐교환기(요금통에 부착되어 있으며 종류별로 잔돈이 나온다)에서 잔돈을 교환한 후 정확한 금액을 요금통에 넣어야 한다. 왜냐하면 우리나라처럼 운전사가 직접 잔돈을 거슬러주는 일은 거의 없기 때문이다.

☀ 전철과 지하철

우리나라에서는 전철과 지하철이 혼용되어 사용하고 있지만, 일본의 경우에는 지하철과 전철이 엄연히 구분되어 있다. 전철은 교외로 다니는 전기 철도를 의미하며, 지하철은 그야말로 지하로만 다니는 전기철도를 의미한다. 그 밖에 이용방법은 국내의 전철 이용방법과 대동소이하다.

전철과 지하철이 민영으로 운영되고 있는 만큼 각 노선별로 요금 체계도 다 다르며 지하철에서 전철로 바꿔 타면 같은 노선이라도 표를 다시 끊어야 하므로 미리 갈 곳을 잘 확인하고 노선도 정확하게 체크해야 한다. 표는 주로 동전과 1,000엔짜리 지폐를 이용하여 자판기에서 끊는데 원하는 지역의 단추를 먼저 확인한 후 돈을 넣고 표를 사면 된다.

☀ 관광버스

관광버스에는 일본어 안내원이 동행하여 그 지역 유명 관광지를 순환하는 정기 관광버스가 있다. 대부분 기차역 주변에서 출발하여 3시간, 반나절, 하루코스 등이 있다.

UNIT

01

길을 물을 때

길을 물을 때 쓰이는 패턴으로는 …へ行く道を教えてください가 있습니다. 일본의 경우는 도로의 표지판이나 주소지 등이 명확하게 정리되어 있어 지도 한 장만 있어도 어디든 원하는 목적지에 혼자서도 찾아갈 수 있으며, 만약 길을 잘 모르거나 잃었을 때는 지도를 펴 보이며 물어보면 됩니다.

이 지도에서 ＿＿＿＿＿＿＿ 은(는) 어디입니까?

Where is ＿＿＿＿＿＿＿ on this map?

この地図で ＿＿＿＿＿＿＿ はどこですか。

고노 치즈데 　　　　　　　　　　와 도꼬데스까

□	여기	this place	ここ	고꼬
□	은행	the bank	銀行	깅꼬―
□	백화점	the department store	デパート	데빠―또
□	미술관	the art museum	美術館	비쥬쓰깡

Q : 차이나타운으로 가는 길을 가르쳐 주시겠어요?

Please tell me how to get to Chinatown?

チャイナタウンに行く道を教えてください。

챠이나타운니 이꾸 미찌오 오시에떼 구다사이

A : 저기입니다.

It's over there.

あちらです。

아찌라데스

길을 물을 때

🚲 **저, 실례합니다!**
Excuse me!

すみません!
스미마셍

🚲 **(지도를 가리키며) 여기는 어디에 있습니까?**
Where are we now?

ここはどこですか。
고꼬와 도꼬데스까

🚲 **실례합니다. 잠깐 여쭙겠습니다.**
Excuse me. I have a question.

すみません。ちょっとうかがいたいのですが。
스미마셍 춋또 우까가이따이노데스가

🚲 **백화점은 어디에 있습니까?**
Where's the department store?

デパートはどこにありますか。
데빠-또와 도꼬니 아리마스까

🚲 **여기는 무슨 거리입니까?**
What street is this?

ここは何という通りですか。
고꼬와 난또이우 도-리데스까

🚲 **곧장 가십시오.**
Go straight.

まっすぐに行ってください。
맛스구니 잇떼 구다사이

🛎 저기서 오른쪽으로 도세요.

Turn right there.

あそこで右へ曲がってください。

아소꼬데 미기에 마갓떼 구다사이

🛎 걸어서 몇 분 걸립니까?

How many minutes by walking?

歩いて何分かかりますか。

아루이떼 남뿡 가까리마스까

🛎 박물관에는 어떻게 가면 됩니까?

How can I get to the museum?

博物館へ行くにはどうしたらいいでしょうか。

하꾸부쯔깡에 이꾸니와 도―시따라 이―데쇼―까

🛎 역으로 가는 길을 가르쳐 주십시오.

Please tell me the way to the station.

駅までの道を教えてください。

에끼마데노 미찌오 오시에떼 구다사이

🛎 여기에서 가깝습니까?

Is it near here?

ここから近いのですか。

고꼬까라 치까이노데스까

🛎 거기까지 걸어서 갈 수 있습니까?

Can I walk there?

そこまで歩いて行けますか。

소꼬마데 아루이떼 이께마스까

🕮 거기까지 버스로 갈 수 있습니까?
Can I get there by bus?

そこまでバスで行けますか。
소꼬마데 바스데 이께마스까

🕮 거기에 가려면 택시밖에 없나요?
Is a taxi the only way to get there?

そこへ行くにはタクシーしかありませんか。
소꼬에 이꾸니와 타꾸시-시까 아리마셍까

🕮 차이나타운은 멉니까?
Is Chinatown far?

チャイナタウンは遠いですか。
챠이나타웅와 도-이데스까

🕮 거기까지 어느 정도 시간이 걸립니까?
How long does it take?

そこまでどのくらい時間がかかりますか。
소꼬마데 도노쿠라이 지깡가 가까리마스까

🕮 이 주위에 지하철역이 있습니까?
Is there a subway station around here?

このあたりに地下鉄の駅はありますか。
고노 아따리니 치까떼쯔노 에끼와 아리마스까

🕮 지도에 표시해 주시겠습니까?
Would you mark it, please?

地図にシルシをつけてください。
치즈니 시루시오 쓰께떼 구다사이

길을 잃었을 때

📖 실례합니다! 여기는 무슨 거리입니까?
Excuse me! What's this street?

すみません! これは何という通りですか。

스미마셍　　고레와 난또이우 도ー리데스까

📖 길을 잃었습니다.
I got lost on my way.

道に迷ってしまいました。

미찌니 마욧떼 시마이마시다

📖 어디에 갑니까?
Where are you going?

どこに行くのですか。

도꼬니 이꾸노데스까

📖 긴자로 가는 길입니다.
We're going to Ginza.

銀座に行くところなんです。

긴자니 이꾸 도꼬로난데스

📖 이 길이 아닙니까?
Am I on the wrong street?

この道は違うのですか。

고노 미찌와 치가우노데스까

📖 친절을 베풀어 주셔서 감사합니다.
It's very kind of you. Thank you.

ご親切にありがとうございました。

고신세쯔니 아리가또ー 고자이마시다

길을 물어올 때

🔊 **미안합니다. 잘 모르겠습니다.**
I'm sorry. I don't know.

すみません。よくわかりません。
스미마셍　요꾸 와까리마셍

🔊 **저는 여행자입니다.**
I'm a tourist.

私は旅行者なのです。
와따시와 료꼬-샤나노데스

🔊 **저도 잘 모릅니다.**
I'm not sure myself.

私もよくわかりません。
와따시모 요꾸 와까리마셍

🔊 **다른 사람에게 물어보십시오.**
Please ask someone else.

だれかほかの人に聞いてください。
다레까 호까노 히또니 기이떼 구다사이

🔊 **저 사람에게 물어보십시오.**
Ask the man over there.

あちらの人に聞いてください。
아찌라노 히또니 기이떼 구다사이

🔊 **지도를 가지고 있습니까?**
Do you have a map?

地図を持っていますか。
치즈오 못떼 이마스까

UNIT
02

택시를 이용할 때

급하거나 길을 잘 모를 때는 택시를 이용하는 게 편리합니다. 말이 통하지 않을 때는 가고 싶은 곳의 주소를 적어서 택시기사에게 주면 됩니다. 택시를 이용할 때는 …までお願いします라고 기사에게 말하면 목적지까지 실어다 줍니다. 목적지를 잘 모르를 때는 주소를 보이며 この住所までお願いします라고 하면 됩니다.

_____ (으)로 가 주세요.
_____ , please.
_____ へお願(ねが)いします。
에 오네가이시마스

□ 이 주소	This address	この住所	고노 쥬―쇼
□ 이곳	This place	ここ	고꼬
□ 번화가	Downtown	繁華街	항까가이
□ 우에노공원	Ueno Park	上野公園	우에노 코―엥

Q : 어디까지 모셔다 드릴까요?
Where to?
どちらまででしょうか。
도찌라마데데쇼―까

A : 번화가로 가 주세요.
Downtown, please.
繁華街(はんかがい)へお願(ねが)いします。
항까가이에 오네가이시마스

택시를 잡을 때

🚕 택시승강장은 어디에 있습니까?
Where's the taxi stand?

タクシー乗り場はどこですか。
타꾸시-노리바와 도꼬데스까

🚕 어디서 택시를 탈 수 있습니까?
Where can I get a taxi?

どこでタクシーに乗れますか。
도꼬데 타꾸시-니 노레마스까

🚕 어디서 기다리고 있으면 됩니까?
Where should we wait?

どこで待っていればいいですか。
도꼬데 맛떼 이레바 이-데스까

🚕 택시!
Taxi!

タクシー!
타꾸시-

택시를 탈 때

🚕 우리들 모두 탈 수 있습니까?
Can we all get in the car?

私たちは全員乗れますか。
와따시다찌와 젠인 노레마스까

🚕 트렁크를 열어 주시겠어요?
Would you open the trunk?

トランクを開けてください。
토랑꾸오 아께떼 구다사이

📋 (주소를 보이며) 이 주소로 가 주세요.

Take me to this address, please.

ここへ行ってください。

고꼬에 잇떼 구다사이

📋 도쿄돔으로 가 주세요.

To Tokyo Dome, please.

東京ドームに行ってください。

도-꾜-도-무니 잇떼 구다사이

📋 서둘러 주시겠어요?

Could you please hurry?

急いでいただけますか。

이소이데 이따다께마스까

📋 9시까지 도착할 수 있을까요?

Can I get there by nine?

9時までに着くでしょうか。

구지마데니 쓰꾸데쇼-까

📋 가장 가까운 길로 가 주세요.

Take the shortest way, please.

いちばん近い道で走ってください。

이찌반 치까이 미찌데 하싯떼 구다사이

📋 좀 더 천천히 가 주세요.

Could you drive more slowly?

もっとゆっくり走ってください。

못또 육꾸리 하싯떼 구다사이

🛎 **여기서 세워 주세요.**
Stop here, please.

ここで止めてください。

고꼬데 도메떼 구다사이

🛎 **다음 신호에서 세워 주세요.**
Please stop at the next light.

次の信号で止めてください。

쓰기노 싱고―데 도메떼 구다사이

🛎 **좀 더 앞까지 가주세요.**
Could you pull up a little further?

もう少し先まで行ってください。

모― 스꼬시 사끼마데 잇떼 구다사이

🛎 **여기서 기다려 주시겠어요?**
Would you wait for me here?

ここで待ってもらえませんか。

고꼬데 맛떼 모라에마셍까

🛎 **얼마입니까?**
How much is it?

おいくらですか。

오이꾸라데스까

🛎 **거스름돈은 됐습니다.**
Keep the change.

おつりは要りません。

오쓰리와 이리마셍

Travel Japanese

UNIT

버스를 이용할 때

시내를 자유롭게 이동하려면 시내버스가 싸고 편리하므로 관광안내소 등에서 노선도를 받아둡시다. 일본에서는 요금을 직접 요금함에 넣는 경우가 대부분이고, 시내버스 요금은 대부분 정해져 있지만 지역에 따라 거리별로 요금이 달라지므로 버스를 탈 때 미리 표를 받아두었다가 계산하면 됩니다.

이 버스는 _____ 에 갑니까?
Does this bus go to _____ ?
このバスは _____ へ行きますか。
고노 바스와　　　　　　　　　　에 이끼마스까

□	공원	the park	公園	고-엥
□	해변	the beach	海辺	우미베
□	도쿄역	Tokyo station	東京駅	도-꾜-에끼
□	공항	the airport	空港	구-꼬-

Q : 버스승강장은 어디에 있습니까?
Where's the bus stop?
バス停はどこにありますか。
바스떼-와 도꼬니 아리마스까

A : 어디에 가십니까?
Where're you going?
どこへ行くのですか。
도꼬에 이꾸노데스까

🚌 **어디서 버스 노선도를 얻을 수 있습니까?**
Where can I get a bus route map?

どこでバスの路線図をもらえますか。
도꼬데 바스노 로센즈오 모라에마스까

🚌 **표는 어디서 살 수 있습니까?**
Where can I get a ticket?

切符はどこで買えますか。
깁뿌와 도꼬데 가에마스까

🚌 **어느 버스를 타면 됩니까?**
Which bus do I get on?

どのバスに乗ればいいですか。
도노 바스니 노레바 이-데스까

🚌 **(버스를 가리키며) 미술관행입니까?**
To the art museum?

美術館行きですか。
비쥬쓰깐 유끼데스까

🚌 **갈아타야 합니까?**
Do I have to transfer?

乗り換えなければなりませんか。
노리까에나께레바 나리마셍까

🚌 **여기서 내려요.**
I'll get off here.

ここで降ります。
고꼬데 오리마스

🚌 버스 터미널은 어디에 있습니까?
Where is the depot?

バスターミナルはどこにありますか。
바스타-미나루와 도꼬니 아리마스까

🚌 매표소는 어디에 있습니까?
Where is the ticket office?

チケット売り場はどこですか。
치켓또 우리바와 도꼬데스까

🚌 오사카까지 두 장 주세요.
Two for Osaka, please.

大阪まで2枚お願いします。
오-사까마데 니마이 오네가이시마스

🚌 돌아오는 버스는 어디서 탑니까?
Where is the bus stop for going back?

帰りのバスはどこから乗るのですか。
가에리노 바스와 도꼬까라 노루노데스까

🚌 거기에 가는 직행버스는 있나요?
Is there any bus that goes there directly?

そこへ行く直通バスはありますか。
소꼬에 이꾸 쵸꾸쓰-바스와 아리마스까

🚌 도착하면 알려 주세요.
Tell me when we arrive there.

着いたら教えてください。
쓰이따라 오시에떼 구다사이

🚌 닛코를 방문하는 투어는 있습니까?
Do you have a tour to Nikko?

日光を訪れるツアーはありますか。

닉꼬-오 오또즈레루 쓰아-와 아리마스까

🚌 여기서 예약할 수 있나요?
Can I make a reservation here?

ここで予約できますか。

고꼬데 요야꾸 데끼마스까

🚌 버스는 어디서 기다립니까?
Where do we wait for the bus?

バスはどこで待っていてくれるのですか。

바스와 도꼬데 맛떼이떼 구레루노데스까

🚌 몇 시에 돌아옵니까?
What time are we returning?

何時に戻ってくるのですか。

난지니 모돗떼 구루노데스까

🚌 투어는 몇 시에 어디서 시작됩니까?
What time where does the tour begin?

ツアーは何時にどこから始まりますか。

쓰아-와 난지니 도꼬까라 하지마리마스까

🚌 호텔까지 데리러 와 줍니까?
Will you pick us up at the hotel?

ホテルまで迎えに来てくれるのですか。

호떼루마데 무까에니 기떼 구레루노데스까

Travel Japanese

UNIT
04 지하철·전철을 이용할 때

일본은 지상으로 달리는 열차를 덴샤(電車), 지하로 달리는 열차를 치카테쯔(地下鉄)로 구분합니다. 일본의 대도시에는 지하철과 전철이 거미줄처럼 얽혀 있기 때문에 자신이 가고자 하는 목적지를 잘 선택해서 타야 합니다. 잘 모를 경우에는 창구에서 물어보거나, 노선도를 잘 이용하면 편리한 교통수단이 될 것입니다.

_____ (으)로 가는 것은 무슨 선입니까?

Which line gose to _____ ?

_____ へ行くのは何線ですか。

에 이꾸노와 나니센데스까

○○공원	○○Park	○○公園	○○고-엥
○○호텔	○○Hotel	○○ホテル	○○호떼루
○○백화점	○○department store	○○デパート	○○데빠-또
○○동물원	○○zoo	○○動物園	○○도-부쯔엥

Q : 이 전철은 우에노에 섭니까?
Will this train stop at Ueno?
この電車は上野に止まりますか。
고노 덴샤와 우에노니 토마리마스까

A : 기본요금은 100엔입니다.
The minimum fare is 100 Yen.
基本料金は100円です。
기혼료-낑와 햐꾸엔데스

214

🛎 **지하철 노선도를 주시겠습니까?**

May I have a subway map?

地下鉄(電車)の路線図をください。

치카떼쯔(덴샤)노 로센즈오 구다사이

🛎 **이 근처에 지하철역이 있습니까?**

Is a subway station near here?

この近くに地下鉄の駅はありませんか。

고노 치까꾸니 치까떼즈노 에끼와 아리마셍까

🛎 **표는 어디서 삽니까?**

Where can I buy a ticket?

切符はどこで買えますか。

깁뿌와 도꼬데 가에마스까

🛎 **자동매표기는 어디에 있습니까?**

Where is the ticket machine?

切符販売機はどこですか。

깁뿌함바이끼와 도꼬데스까

🛎 **신주쿠로 가려면 어느 선을 타면 됩니까?**

Which line should I take to go to Shinjuku?

新宿へ行くにはどの線に乗ればいいですか。

신쥬꾸에 이꾸니와 도노센니 노레바 이-데스까

🛎 **우에노공원으로 가려면 어디로 나가면 됩니까?**

Which exit should I take for Ueno Park?

上野公園へ行くにはどこから出たらいいですか。

우에노 코-엥에 이꾸니와 도꼬까라 데따라 이-데스까

🚌 동쪽 출구로 나가세요.
Take the east exit.
東口に出てください。
히가시구찌니 데떼 구다사이

지하철·전철을 탔을 때

🚌 어디서 갈아탑니까?
Where should I change trains?
どこで乗り換えるのですか。
도꼬데 노리까에루노데스까

🚌 이건 미타 역에 갑니까?
Is this for Mita station?
これは三田駅へ行きますか。
고레와 미따에끼에 이끼마스까

🚌 간다 역은 몇 번째입니까?
How many stops are there to Kanda station?
神田駅はいくつ目ですか。
칸다에끼와 이꾸쯔메데스까

🚌 다음은 어디입니까?
What's the next station?
次はどこですか。
쓰기와 도꼬데스까

🚌 이 지하철은 시부야 역에 섭니까?
Does this train stop at Shibuya station?
この電車は渋谷駅に止まりますか。
고노 덴샤와 시부야에끼니 도마리마스까

📖 이 노선의 종점은 어디입니까?
Where's the end of this line?
この路線の終点はどこですか。
고노 로센노 슈-뗑와 도꼬데스까

📖 지금 어디 근처입니까?
Where are we now?
今どのあたりですか。
이마 도노 아따리데스까

📖 다음은 하네다 공항입니까?
Is the next stop Haneda Airport?
次ははねだ空港ですか。
쓰기오하 하네다 쿠-꼬-데스까

📖 표를 잃어버렸습니다.
I lost my ticket.
切符をなくしました。
깁뿌오 나꾸시마시다

📖 지하철에 가방을 두고 내렸습니다.
I left my bag in a subway.
地下鉄にかばんを忘れました。
치까테쯔니 가방오 와스레마시다

📖 신주쿠에서 탔습니다.
I took a train from Shinjuku.
新宿駅から乗車しました。
신주꾸에끼까라 죠-샤시마시다

UNIT 05

열차를 이용할 때

대도시 주위를 운행하는 근거리 열차는 지하철이나 전철처럼 바로 표를 구입할 수 있지만 신칸센(新幹線), 신토카이센(新東海道線), 도호쿠센(東北線)과 같은 장거리 열차와 고속열차는 좌석을 미리 예약해 두어야 하며, 지정석은 추가요금을 지불해야 합니다.

_____ ○○-○○ 표 두 장 주세요.

Two _____ tickets from ○○ to ○○, please.

_____ ○○-○○ 二枚ください。

○○-○○ 니마이 구다사이

□	편도	one-way	片道	카따미찌
□	왕복	round-trip	往復	오-후꾸
□	1등석	first class	一等席	잇또-세끼
□	특등석	green class	グリーン券	그리-인껭

Q : 시간표를 보여 주시겠어요?
May I see a timetable?
時刻表を見せてください。
지꼬꾸효-오 미세떼 구다사이

A : 저기에 게시되어 있습니다.
Here's one posted over there.
あちらに掲示してあります。
아찌라니 게-지시떼 아리마스

표를 구입할 때

🔊 **매표소는 어디입니까?**
Where's the ticket window?

切符売り場はどこですか。

깁뿌우리바와 도꼬데스까

🔊 **오사카까지 편도 주세요.**
A single to Osaka, please.

大阪までの片道切符をください。

오-사까마데노 가따미찌 깁뿌오 구다사이

🔊 **9시 급행 표를 주세요.**
Tickets on express at nine, please.

9時の急行の切符をください。

구지노 큐-꼬-노 깁뿌오 구다사이

🔊 **예약 창구는 어디입니까?**
Which window can I reserve a seat at?

予約の窓口はどこですか。

요야꾸노 마도구찌와 도꼬데스까

🔊 **1등석을 주세요.**
First class, please.

一等席をください。

잇또-세끼오 구다사이

🔊 **더 이른(늦은) 열차는 있습니까?**
Do you have an earlier(a later) train?

もっと早い(遅い)列車はありますか。

못또 하야이(오소이) 렛샤와 아리마스까

🔊 급행열차입니까?

Is it an express train?

急行列車ですか。
きゅうこうれっしゃ

큐-꼬-렛샤데스까

🔊 어디서 갈아탑니까?

Where should we change trains?

どこで乗り換えるのですか。
の　か

도꼬데 노리까에루노데스까

열차를 탈 때

🔊 3번 홈은 어디입니까?

Where is platform No 3.

3番ホームはどこですか。
ばん

삼방 호-무와 도꼬데스까

🔊 나고야행 열차는 어디입니까?

Where's the train for Nagoya?

名古屋行きの列車はどこですか。
な ご や ゆ　　れっしゃ

나고야유끼노 렛샤와 도꼬데스까

🔊 이건 오사카행입니까?

Is this for Osaka?

これは大阪行きですか。
おおさか ゆ

고레와 오-사까유끼데스까

🔊 (표를 보여주며) 이 열차 맞습니까?

Is this my train?

この列車でいいのですか。
れっしゃ

고노 렛샤데 이-노데스까

220

🚄 이 열차는 예정대로 출발합니까?

Is this train on schedule?

この列車は予定どおりですか。

고노 렛샤와 요떼-도-리데스까

🚄 도중에 하차할 수 있습니까?

Can I have a stopover?

途中下車はできますか。

도쮸-게샤 데끼마스까

🚄 열차를 놓쳤습니다.

I missed my train..

乗り遅れてしまいました。

노리오꾸레떼 시마이마시다

열차 안에서

🚄 거기는 제 자리입니다.

That's my seat.

そこは私の席です。

소꼬와 와따시노 세끼데스

🚄 이 자리는 비어 있나요?

Is this seat taken?

この席は空いていますか。

고노 세끼와 아이떼 이마스까

🚄 창문을 열어도 되겠습니까?

May I open the window?

窓を開けてもいいですか。

마도오 아께떼모 이-데스까

🛄 식당차는 어디에 있습니까?

Where's the dining car?

食堂車はどこですか。

쇼꾸도-샤와 도꼬데스까

🛄 (여객전무) 도와드릴까요?

May I help you?

お手伝いしましょうか。

오테쓰다이 시마쇼-까

🛄 오사카까지 몇 시간 걸립니까?

How many hours to Osaka?

大阪まで何時間ですか。

오-사까마데 난지깐데스까

🛄 표를 보여 주십시오.

May I see your ticket?

乗車券を拝見します。

죠-샤껭오 하이껜시마스

🛄 네, 여기 있습니다.

Here it is.

はい、どうぞ。

하이,   도-조

🛄 잠시 기다려 주십시오.

Just a minute, please.

ちょっと待ってください。

홋또 맛떼 구다사이

🔊 여기는 무슨 역입니까?

What station is this?

ここは何駅ですか。

고꼬와 나니에끼데스까

🔊 다음 역은 무슨 역입니까?

What's the next station?

次の駅は何という駅ですか。

쓰기노 에끼와 난또이우 에끼데스까

문제가 생겼을 때

🔊 표를 잃어버렸습니다.

I lost my ticket.

切符をなくしました。

깁뿌오 나꾸시마시다

🔊 어디에서 탔습니까?

Where did you get on?

どこから乗りましたか。

도꼬까라 노리마시다까

🔊 내릴 역을 지나쳤습니다.

I missed my station.

乗り越してしまいました。

노리꼬시떼 시마이마시다

🔊 이 표는 아직 유효합니까?

Is this ticket still valid?

この切符はまだ有効ですか。

고노 깁뿌와 마다 유-꼬-데스까

UNIT
06

비행기를 이용할 때

항공기는 설령 예약을 해두었더라도 여행지 또는 환승지에 3일 이상 체류하는 경우에는 출발 72시간 전에 다음 목적지까지의 예약을 항공사에 재확인해야 합니다(reconfirm). 재확인을 하지 않으면 예약이 자동으로 취소되거나 예약이 되어 있지 않는 경우도 있습니다.

(비행기 좌석) _____ (으)로 부탁합니다.

_____ , please.

_____ をお願いします。
ねが
오 오네가이시마스

☐ 금연석	Non-smoking	禁煙席	깅엔세끼
☐ 흡연석	Smoking seat	喫煙席	기쯔엔세끼
☐ 창가자리	Window seat	窓側の席	마도가와노 세끼
☐ 통로석	Aisle seat	通路側の席	쓰ー로가와노 세끼

Q : 여보세요. 일본항공입니다.
Hello. This is Japan Airlines.
もしもし。日本航空です。
に ほんこうくう
모시모시.　니홍코ー꾸ー데스

A : 예약을 재확인하고 싶은데요.
I'd like to reconfirm my flight.
予約を再確認したいのですが。
よ やく さいかくにん
요야꾸오 사이카꾸닝 시따이노데스가

📖 **비행기 예약을 부탁합니다.**

I'd like to reserve a flight.

フライトの予約をお願いします。

후라이또노 요야꾸오 오네가이시마스

📖 **내일 홋카이도행 비행기 있습니까?**

Do you have a flight to Hokkaido.

明日の北海道行きの便はありますか。

아시따노 혹까이도 유끼노 빙와 아리마스까

📖 **일찍 가는 비행기로 부탁합니다.**

I'd like an earlier flight.

早い便をお願いします。

하야이 빙오 오네가이 시마스

📖 **늦게 가는 비행기로 부탁합니다.**

I'd like a later flight.

遅い便をお願いします。

오소이 빙오 오네가이 시마스

📖 **성함과 편명을 말씀하십시오.**

What's your name and flight number?

お名前と便名をどうぞ。

오나마에또 빔메-오 도-조

📖 **출발 시간을 확인하고 싶은데요.**

I'd like to make sure of the time it leaves.

出発時刻を確認したいのですが。

슙빠쯔지꼬꾸오 카꾸닌시따이노데스가

🛫 일본항공 카운터는 어디입니까?

Where's the Japan Airlines counter?

日本航空のカウンターはどこですか。

니홍코-꾸-노 카운따-와 도꼬데스까

🛫 지금 체크인할 수 있습니까?

Can I check in now?

今チェックインできますか。

이마 첵꾸인 데끼마스까

🛫 항공권은 가지고 계십니까?

Do you have a ticket?

航空券はお持ちですか。

코-꾸껭와 오모찌데스까

🛫 예, 여기 있습니다.

Here it is.

はい、これです。

하이,　고레데스

🛫 금연석 통로 쪽으로 부탁합니다.

An aisle seat in the non-smoking section, please.

禁煙席の通路側をお願いします。

킹엔세끼노 쓰-로가와오 오네가이시마스

🛫 이 짐은 기내로 가지고 갑니다.

This is a carry-on bag.

この荷物は機内持ち込みです。

고노 니모쯔와 기나이 모찌꼬미데스

226

🛄 요금은 어떻게 됩니까?

What's the fare?

料金はどうなりますか

료-낑와 도- 나리마스까

🛄 몇 번 출구로 나가면 됩니까?

Which gate should I go to?

何番ゲートに行けばいいのですか。

남반게-또니 이께바 이-노데스까

🛄 이건 센다이행 출구입니까?

Is this the gate to Sendai?

これは仙台行きのゲートですか。

고레와 센다이 유끼노 게-또데스까

🛄 비행은 예정대로 출발합니까?

Is the flight on time?

フライトは予定どおりに出発しますか。

후라이또와 요떼- 도-리니 슙빠쯔시마스까

🛄 이 짐을 맡길게요.

I'll check this baggage.

この荷物を預けます。

고노 니모쯔오 아즈께마스

🛄 탑승이 시작되었나요?

Has boarding begun?

搭乗は始まっていますか。

토-죠-와 하지맛떼 이마스까

입구 入口
(いりぐち)
이리구찌
출구 出口
(でぐち)
데구찌

공원 公園
(こうえん)
코-엔

전화부스
電話ボックス
뎅와복꾸스

버스정류소
バス停(てい)
바스떼-

모퉁이
角(かど)
카도

건물 建物
(たてもの)
다떼모노

인도 歩道
(ほどう)
호도-

버스 バス 바스

신호 信号(しんごう)
싱고-

횡단보도
横断歩道
(おうだんほどう)
오-단호도-

도로표지판
通(とお)りの
掲示板(けいじばん)
도-리노케지방

차 車
(くるま)
구루마

우체통
ポスト
포스또

건너시오 進め 스스메
멈추시오 止まれ 도마레

228

엔진
エンジン
엔진

배터리
バッテリー
밧떼리

속도계
速度計(そくどけい)
소꾸도-께-

브레이크
ブレーキ
부레-끼

액셀러레이터
アクセル
악세루

클러치
クラッチ
쿠랏찌

핸들
ハンドル
한도루

창유리
フロントグラス
후론또구라스

트렁크
トランク
토랑꾸

보닛
ボンネット
본넷또

타이어
タイヤ
타이야

도로표지판

양보	YIELD	譲れ
일시정지	STOP	一時停止
좌측통행	KEEP LEFT	左側通行
추월금지	DO NOT PASS	追い越し禁止
진입금지	DO NOT ENTER	進入禁止
제한속도	SPEED LIMIT	制限速度
일방통행	ONE WAY	一方通行
주차금지	NO PARKING	駐車禁止

렌터카를 이용할 때

렌터카를 빌릴 때는 여권과 국제면허증이 필요합니다. 만일을 대비하여 보험도 잊지 말고 꼭 들어둡시다. 관광시즌에는 한국에서 출발하기 전에 미리 렌터카 회사에 예약을 해두는 게 좋습니다. 신청할 때는 지불보증으로서 신용카드를 요구하는 경우가 많으므로 카드를 준비해둡시다.

차를 1주일간 빌리고 싶은데요.

car for a week, please.

しゃ いっしゅうかん か
車を一週間借りたいんですが。

샤오 잇슈-깡 가리따인데스가

□	소형	A compact	小型	코가따
□	중형	A mid-size	中型	츄-가따
□	대형	A large	大型	오-가따
□	오토매틱	An automatic	オートマチック	오-또마칙꾸

Q : 차를 빌리고 싶은데요.
I'd like to rent a car.
くるま か
車を借りたいのですが。
구루마오 가리따이노데스가

A : 어떤 차가 좋겠습니까?
What kind of car do you want?
くるま
どんな車がよろしいですか。
돈나 구루마가 요로시-데스까

렌터카를 이용할 때

🚙 (공항에서) 렌터카 카운터는 어디입니까?
Where's the rent-a-car counter?

レンタカーのカウンターはどこですか。
렌따카-노 카운따-와 도꼬데스까

🚙 예약을 한 사람인데요.
I have a reservation.

予約した者ですが。
요야꾸시따 모노데스가

🚙 어느 정도 운전할 예정이십니까?
How long will you need it?

どのくらいドライブする予定ですか。
도노쿠라이 도라이부스루 요떼-데스까

🚙 1주간입니다.
For a week.

一週間です。
잇슈-깐데스

🚙 차를 3일간 빌리고 싶습니다.
I'd like to rent a car for three days.

車を三日間借りたいです。
구루마오 믹까깡 가리따이데스

🚙 이것이 제 국제운전면허증입니다.
Here's my international driver's license.

これが私の国際運転免許証です。
고레가 와따시노 고꾸사이 운뗌 멩꾜쇼-데스

차종을 고를 때

🛢 **어떤 차가 있습니까?**
What kind of cars do you have?
どんな車がありますか。
돈나 구루마가 아리마스까

🛢 **렌터카 목록을 보여 주시겠어요?**
Can I see your rent-a-car list?
レンタカーリストを見せてもらえますか。
렌따카- 리스또오 미세떼 모라에마스까

🛢 **어떤 타입의 차가 좋으시겠습니까?**
What type of car would you like?
どのタイプの車がよろしいですか。
도노 타이뿌노 구루마가 요로시-데스까

🛢 **중형차를 빌리고 싶은데요.**
I'd like a mid-size car.
中型車を借りたいのですが。
츄-가따샤오 가리따이노데스가

🛢 **오토매틱밖에 운전하지 못합니다.**
I can only drive an automatic.
オートマチックしか運転できません。
오-또마칙꾸시까 운뗀 데끼마셍

🛢 **오토매틱 스포츠카를 부탁합니다.**
I'd like an automatic sports car.
オートマのスポーツ車をお願いします。
오-또마노 스뽀-쯔샤오 오네가이시마스

렌터카 요금과 보험

🔊 선불이 필요합니까?

Do I need a deposit?

前金が必要ですか。
まえきん　ひつよう

마에낑가 히쯔요-데스까

🔊 보증금은 얼마입니까?

How much is the deposit?

保証金はいくらですか。
ほ しょうきん

호쇼-낑와 이꾸라데스까

🔊 1주간 요금은 얼마입니까?

What's the rate per week?

一週間の料金はいくらですか。
いっしゅうかん　りょうきん

잇슈-깐노 료-낑와 이꾸라데스까

🔊 특별요금은 있습니까?

Do you have any special rates?

特別料金はありますか。
とくべつりょうきん

토꾸베쯔료-낑와 아리마스까

🔊 그 요금에 보험은 포함되어 있습니까?

Does the price include insurance?

その料金に保険は含まれていますか。
りょうきん　ほ けん　ふく

소노 료-낀니 호껭와 후꾸마레떼 이마스까

🔊 종합보험을 들어 주십시오.

With comprehensive insurance, please.

総合保険をかけてください。
そうごう ほ けん

소-고-호껭오 가께떼 구다사이

UNIT

08 차를 운전할 때

여기서는 주유, 주정차, 세차 등의 표현을 익힙니다. 차를 빌려서 관광을 할 경우에는 우리와 교통의 흐름이 반대이므로 주의해서 운전을 해야 합니다. 따라서 운전석도 우리는 왼쪽에 있지만, 일본은 영국식으로 오른쪽에 있습니다.

차의 _____ 이(가) 이상합니다.

The _____ isn't working right.

車の _____ の調子がおかしいです。
くるま ちょうし

구루마노 노 쵸-시가 오까시-데스

☐	엔진	engine	エンジン 엔진
☐	배터리	battery	バッテリー 밧떼리-
☐	액셀러레이터	accelerator	アクセル 아꾸세루
☐	브레이크	brakes	ブレーキ 부레-끼

Q : (기름을) 가득 채워 주세요.

Fill it up, please.

満タンにしてください。
まん

만딴니 시떼 구다사이

A : 잠시 기다리십시오.

I'll be right with you.

少々お待ちください。
しょうしょう ま

쇼-쇼- 오마찌구다사이

차를 운전할 때

🚘 **긴급 연락처를 알려 주시겠어요?**
Where should I call in case of an emergency?
緊急連絡先を教えてください。
킹뀨-렌라꾸사끼오 오시에떼 구다사이

🚘 **도로지도를 주시겠습니까?**
Can I have a road map?
道路地図をいただけますか。
도-로치즈오 이따다께마스까

🚘 **닛코는 어느 길로 가면 됩니까?**
Which way to Nikko?
日光へはどの道を行けばいいですか。
닉꼬-에와 도노 미찌오 이께바 이-데스까

🚘 **5호선으로 남쪽으로 가세요.**
Take the 5 South.
5号線で南へ行ってください。
고 고-센데 미나미에 잇떼 구다사이

🚘 **곧장입니까, 아니면 왼쪽입니까?**
Straight? Or to the left?
まっすぐですか、それとも左ですか。
맛스구데스까,　　　소레또모 히다리데스까

🚘 **하코네까지 몇 킬로미터입니까?**
How many kilometers to Hakone?
箱根まで何キロですか。
하코네마데 낭키로데스까

🔊 차로 후지산까지 어느 정도 걸립니까?

How far is it to Fuji Mountain by car?

車で富士山までどのくらいかかりますか。

구루마데 후지삼마데 도노쿠라이 가까리마스까

🔊 가장 가까운 교차로는 어디입니까?

What's the nearest intersection?

いちばん近い交差点はどこですか。

이찌반 치까이 코-사뗑와 도꼬데스까

주유 · 주차할 때

🔊 이 근처에 주유소가 있습니까?

Is there a gas station near by?

この近くにガソリンスタンドはありますか。

고노 치까꾸니 가소린스딴도와 아리마스까

🔊 가득 넣어 주세요.

Fill it up, please.

満タンにしてください。

만딴니 시떼 구다사이

🔊 선불입니까, 후불입니까?

Do I pay now or later?

先払ですか、後払いですか。

사끼바라이데스까, 아또바라이데스까

🔊 여기에 주차해도 됩니까?

Can I park my car here?

ここに車を駐車してもいいですか。

고꼬니 구루마오 츄-샤시떼모 이-데스까

📑 **배터리가 떨어졌습니다.**
The battery is dead.

バッテリーがあがってしまいました。
밧떼리-가 아갓떼 시마이마시다

📑 **펑크가 났습니다.**
I got a flat tire.

パンクしました。
팡꾸시마시다

📑 **시동이 걸리지 않습니다.**
I can't start the engine.

エンジンがかからないんです。
엔징가 가까라나인데스

📑 **브레이크가 잘 안 듣습니다.**
The brakes don't work properly.

ブレーキのききがあまいです。
부레-끼노 기끼가 아마이데스

📑 **고칠 수 있습니까?**
Can you repair it?

修理できますか。
슈-리 데끼마스까

📑 **차를 돌려드리겠습니다.**
I'll return the car.

車を返します。
구루마오 가에시마스

거리에서 볼 수 있는 게시판	
注意	주의
足下注意	발밑 주의
頭注意	머리 조심
危険	위험
渡るな	건너지 마시오
渡りなさい	건너시오
無断立入禁止	무단 침입금지
ペイント注意	페인트 주의
故障	고장
使用中止	사용중지
駐車禁止	주차금지
駐車場	주차장
停車禁止	정차금지
芝生に入らないで下さい	잔디에 들어가지 마시오
立入禁止	출입금지
通行禁止	통행금지
一歩通行	일방통행
出口	출구
乗り換え	갈아타는 곳
切符売場	매표소

PART

6

관 광

일본의 대표 관광지

교토
(후시미 이나리 신사,
로쿠온지, 지쇼지,
요지야, 기요미즈데라,
젠린지)

겐로쿠엔

오사카
(오사카 성, 유니버셜스튜디오,
도톤보리, 신사이바시)

나가사키
(하우스텐보스,
오우라 천주당,
26성인 순교지,
평화공원)

히로시마 평화기념공원

유후인

벳푸

아소산

이쓰쿠시마 신사

도다이지

히메지 성

삿포로
(맥주 박물관,
예술의 숲, 눈축제)

시라카와고

지고쿠다니 야엔코엔

마쓰모토 성

도쿄
(도쿄타워, 스카이트리, 시부야,
하라주쿠, 도쿄돔, 롯폰기,
가부키자, 오다이바)

요코하마 미나토미라이21

하코네
(오와쿠다니 유황계곡,
조각의 숲 미술관)

후지산

쓰마고주쿠

오키나와
(추라우미 수족관,
도자기 마을,
류큐조 나비원)

UNIT

01 관광안내소에서

관광의 첫걸음은 관광안내소에서 시작됩니다. 대부분이 시내의 중심부에 있는 볼거리 소개부터 버스 예약까지 여러 가지 서비스를 하고 있습니다. 무료의 시내지도, 지하철, 버스 노선도 등이 구비되어 있는 경우가 많으므로 정보 수집에 매우 편리합니다.

_____ 투어는 있나요?

Do you have a _____ tour?

_____ ツアーはありますか。
쓰아-와 아리마스까

□	1일	full day	一日の	이찌니찌노
□	반나절	half-day	半日の	한니찌노
□	야간	night	ナイト	나이또
□	당일치기	come back in a day	日帰りの	히가에리노

Q : 도쿄를 관광하고 싶은데요.
I'd like to see the sights of Tokyo.
東京を観光したいんですが。
도-꾜-오 캉꼬- 시따인데스가

A : 투어에 참가하시겠습니까?
Are you interested in a tour?
ツアーに参加しますか。
쓰아-니 상까시마스까

관광안내소에서

🗨 **관광안내소는 어디입니까?**
Where is the tourist information office?
観光案内所はどこですか。
칸꼬-안나이쇼와 도꼬데스까

🗨 **이 도시의 관광안내 팸플릿이 있습니까?**
Do you have a sightseeing brochure for this town?
この町の観光案内パンフレットはありますか。
고노 마찌노 칸꼬-안나이 팡후렛또와 아리마스까

🗨 **무료 시내지도는 있습니까?**
Do you have a free city map?
無料の市街地図はありますか。
무료-노 시가이치즈와 아리마스까

🗨 **관광지도를 주시겠어요?**
Can I have a sightseeing map?
観光地図をください。
칸꼬-치즈오 구다사이

🗨 **여기서 볼만한 곳을 가르쳐 주시겠어요?**
Could you recommend some interesting places?
ここの見どころを教えてください。
고꼬노 미도꼬로오 오시에떼 구다사이

🗨 **당일치기로 어디에 갈 수 있습니까?**
Where can I go for a day trip?
日帰りではどこへ行けますか。
히가에리데와 도꼬에 이께마스까

🔊 경치가 좋은 곳을 아십니까?

Do you know a place with a nice view?

景色がいいところをご存じですか。

게시끼가 이– 도꼬로오 고존지데스까

🔊 젊은 사람이 가는 곳은 어디입니까?

Where's good place for young people?

若い人の行くところはどこですか。

와까이 히또노 이꾸 도꼬로와 도꼬데스까

🔊 거기에 가려면 투어에 참가해야 합니까?

Do I have to join a tour to go there?

そこへ行くにはツアーに参加しなくてはなりませんか。

소꼬에 이꾸니와 쓰아–니 상까시나꾸떼와 나리마셍까

🔊 유람선은 있습니까?

Are there any sightseeing boats?

遊覧船はありますか。

유–란셍와 아리마스까

🔊 여기서 표를 살 수 있습니까?

Can I buy a ticket here?

ここで切符が買えますか。

고꼬데 깁뿌가 가에마스까

🔊 할인 티켓은 있나요?

Do you have some discount tickets?

割引チケットはありますか。

와리비끼 치껫또와 아리마스까

🔊 지금 축제는 하고 있나요?

Are there any festivals now?

何かお祭りはやっていますか。

낭까 오마쯔리와 얏떼 이마스까

🔊 벼룩시장 같은 것은 있나요?

Is there a flea market or something?

ノミの市のようなものはありますか。

노미노 이찌노 요-나 모노와 아리마스까

거리・시간 등을 물을 때

🔊 여기서 멉니까?

Is it far from here?

ここから遠いですか。

고꼬까라 도-이데스까

🔊 여기서 걸어서 갈 수 있습니까?

Can I walk down there?

ここから歩いて行けますか。

고꼬까라 아루이떼 이께마스까

🔊 왕복으로 어느 정도 시간이 걸립니까?

How long does it take to get there and back?

往復でどのくらい時間がかかりますか。

오-후꾸데 도노쿠라이 지깡가 가까리마스까

🔊 버스로 갈 수 있습니까?

Can I go there by bus?

バスで行けますか。

바스데 이께마스까

투어를 이용할 때

📖 **관광버스 투어는 있습니까?**
Is there a sightseeing bus tour?

観光バスツアーはありますか。
캉꼬바스 쓰아-와 아리마스까

📖 **어떤 투어가 있습니까?**
What kind of tours do you have?

どんなツアーがあるんですか。
돈나 쓰아-가 아룬데스까

📖 **어디서 관광투어를 신청할 수 있습니까?**
Where can I book a sightseeing tour?

どこで観光ツアーが申し込めますか。
도꼬데 캉꼬-쓰아-가 모-시꼬메마스까

📖 **투어는 매일 있습니까?**
Do you have tours every day?

ツアーは毎日出ていますか。
쓰아-와 마이니찌 데떼 이마스까

📖 **오전(오후) 코스는 있습니까?**
Is there a morning(afternoon) tour?

午前(午後)のコースはありますか。
고젱(고고)노 코-스와 아리마스까

📖 **야간관광은 있습니까?**
Do you have a night tour?

ナイトツアーはありますか。
나이또 쓰아-와 아리마스까

🛎 투어는 몇 시간 걸립니까?
How long does it take to complete the tour?
ツアーは何時間かかりますか。
쓰아-와 난지깡 가까리마스까

🛎 식사는 나옵니까?
Are any meals included?
食事は付いていますか。
쇼꾸지와 쓰이떼 이마스까

🛎 몇 시에 출발합니까?
What time do you leave?
出発は何時ですか。
슙빠쯔와 난지데스까

🛎 어디서 출발합니까?
Where does it start?
どこから出ますか。
도꼬까라 데마스까

🛎 한국어 가이드는 있나요?
Do we have Korean-speaking guide?
韓国語のガイドは付きますか。
캉꼬꾸고노 가이도와 쓰끼마스까

🛎 요금은 얼마입니까?
How much is it?
料金はいくらですか。
료-낑와 이꾸라데스까

UNIT

02

관광지에서

미술관이나 박물관은 휴관일을 확인하고 나서 예정을 잡읍시다. 요일에 따라서 개관을 연장하거나 할인요금이나 입장료가 달라지는 곳도 있으므로 가이드북을 보고 확인합시다. お寺(절)이나 神社(진쟈)는 관광지이기 전에 종교상의 신성한 건물입니다. 들어갈 때 정숙하지 못한 복장이나 소란은 삼가야 합니다.

		은(는) 어느 정도입니까?	

How _____ is it?

_____ はどのくらいですか。

와 도노쿠라이데스까

☐ 높이	high	高さ	다까사
☐ 넓이	large	広さ	히로사
☐ 역사(오래됨)	old	歴史	레끼시
☐ 길이	long	長さ	나가사

Q : 오늘 투어에 참가할 수 있습니까?
Can I join today's tour?

今日のツアーに参加できますか。
쿄-노 쓰아-니 상까 데끼마스까

A : 죄송합니다만, 미리 예약을 하셔야 합니다.
Sorry, you have to book it in advance.

すみませんが、前もって予約しなくてはなりません。
스미마셍가,   마에못떼 요야꾸시나꾸떼와 나리마셍

📖 **저것은 무엇입니까?**
What is that?

あれは何ですか。

아레와 난데스까

📖 **저것은 무슨 강(산)입니까?**
What is the name of that river(mountain)?

あれは何という川(山)ですか。

아레와 난또 이우 가와(야마)데스까

📖 **여기서 얼마나 머뭅니까?**
How long do we stop here?

ここでどのくらい止まりますか。

고꼬데 도노쿠라이 도마리마스까

📖 **시간은 어느 정도 있습니까?**
How long do we have?

時間はどのくらいありますか。

지깡와 도노쿠라이 아리마스까

📖 **자유시간은 있나요?**
Do we have any free time?

自由時間はありますか。

지유-지깡와 아리마스까

📖 **몇 시에 버스로 돌아오면 됩니까?**
By what time should I be back to the bus?

何時にバスに戻ってくればいいですか。

난지니 바스니 모돗떼구레바 이-데스까

🎙 전망대는 어떻게 오릅니까?

How can I get up to the observatory?

展望台へはどうやって上がるのですか。

템보–다이에와 도–얏떼 아가루노데스까

🎙 저 건물은 무엇입니까?

What is that building?

あの建物は何ですか。

아노 다떼모노와 난데스까

🎙 누가 여기에 살았습니까?

Who lived here?

誰が住んでいたのですか。

다레가 슨데이따노데스까

🎙 언제 세워졌습니까?

When was it built?

いつごろ建てられたのですか。

이쯔고로 다떼라레따노데스까

🎙 퍼레이드는 언제 있습니까?

What time do you have the parade?

パレードはいつありますか。

파레–도와 이쯔 아리마스까

🎙 몇 시에 돌아와요?

What time will we come back?

何時に戻りますか。

난지니 모도리마스까

🛍 **그림엽서는 어디서 삽니까?**
Where can I buy picture postcards?
絵ハガキはどこで買えますか。
에하가끼와 도꼬데 가에마스까

🛍 **그림엽서는 있습니까?**
Do you have picture postcards?
絵ハガキはありますか。
에하가끼와 아리마스까

🛍 **기념품 가게는 어디입니까?**
Where is the gift shop?
おみやげ店はどこですか。
오미야게미세와 도꼬데스까

🛍 **기념품으로 인기 있는 것은 무엇입니까?**
Could you recommend something popular for a souvenir?
おみやげで人気があるのは何ですか。
오미야게데 닝끼가 아루노와 난데스까

🛍 **뭔가 먹을 만한 곳은 있습니까?**
Is there a place where I can eat something?
何か食べられるところはありますか。
나니까 다베라레루 도꼬로와 아리마스까

🛍 **이 박물관의 오리지널 상품입니까?**
Is it an original to this museum?
この博物館のオリジナル商品ですか。
고노 하꾸부쯔깐노 오리지나루 쇼-힌데스까

UNIT

03

관람을 할 때

여행을 하면서 그 도시의 정보지 등에서 뮤지컬이나, 연극(가부키), 콘서트 등 보고 싶은 것을 찾아서 미리 호텔의 인포메이션이나 관광안내소에서 예약을 해두는 것이 좋습니다. 표는 극장의 창구에서 사는 것이 가장 확실합니다. 적어도 공연의 3일 전쯤에는 예매를 해두어야 합니다.

지금 인기 있는 ＿＿＿＿＿＿ 은(는) 무엇입니까?

What's the most popular ＿＿＿＿＿＿ now?

今人気のある ＿＿＿＿＿＿ は何ですか。

이마 닝끼노아루 　　　　　　와 난데스까

□	영화	movie	映画	에―가
□	오페라	opera	オペラ	오페라
□	뮤지컬	musical	ミュージカル	뮤―지카루
□	연극	play	芝居	시바이

Q : 우리들 자리는 어디죠?

Where're the seats?

我々の席はどこでしょう。

와레와레노 세끼와 도꼬데쇼―

A : 안내해 드리겠습니다.

Please follow me.

ご案内します。

고안나이시마스

입장권을 구입할 때

🔊 **티켓은 어디서 삽니까?**

Where can I buy a ticket?

チケットはどこで買えますか。

치켓또와 도꼬데 가에마스까

🔊 **입장은 유료입니까?**

Is there a charge for admission?

入場は有料ですか。

뉴-죠-와 유-료-데스까

🔊 **입장권은 얼마입니까?**

How much is the admission fee?

入場料はいくらですか。

뉴-죠-료-와 이꾸라데스까

🔊 **어른 2장 주세요.**

Two adult, please.

大人2枚ください。

오또나 니마이 구다사이

🔊 **학생 1장 주세요.**

One student, please.

学生1枚ください。

각세- 이찌마이 구다사이

🔊 **단체할인은 있습니까?**

Do you have a group discount?

団体割引はありますか。

단따이 와리비끼와 아리마스까

📖 이 티켓으로 모든 전시를 볼 수 있습니까?
Can I see everything with this ticket?
このチケットですべての展示が見られますか。
고노 치켓또데 스베떼노 뗀지가 미라레마스까

📖 무료 팸플릿은 있습니까?
Do you have a free brochure?
無料のパンフレットはありますか。
무료-노 팡후렛또와 아리마스까

📖 짐을 맡아 주세요.
I'd like to check this baggage.
荷物を預かってください。
니모쯔오 아즈깟떼 구다사이

📖 특별전을 하고 있습니까?
Are there any temporary exhibitions?
特別展はやっていますか。
토꾸베쯔뗑와 얏떼 이마스까

📖 관내를 안내할 가이드는 있습니까?
Is there anyone who can guide me?
館内を案内するガイドはいますか。
칸나이오 안나이스루 가이도와 이마스까

📖 이 그림은 누가 그렸습니까?
Who painted this picture?
この絵は誰が描いたのですか。
고노 에와 다레가 가이따노데스까

🗣 **그 박물관은 오늘 엽니까?**

Is the museum open today?

その博物館は今日開いていますか。

소노 하꾸부쯔깡와 쿄- 아이떼 이마스까

🗣 **단체할인은 있나요?**

Do you have a group discount?

団体割引はありますか。

단따이와리비끼와 아리마스까

🗣 **재입관할 수 있습니까?**

Can I reenter?

再入館できますか。

사이뉴-깐 데끼마스까

🗣 **내부를 견학할 수 있습니까?**

Can I take a look inside?

内部は見学できますか。

나이부와 켕가꾸 데끼마스까

🗣 **출구는 어디입니까?**

Where is the exit?

出口はどこですか。

데구찌와 도꼬데스까

🗣 **화장실은 어디입니까?**

Where is the rest room?

トイレはどこですか。

토이레와 도꼬데스까

🛎 **극장 이름은 뭡니까?**

What's the name of the theater?

映画館は何という名前ですか。

에-가깡와 난또 이우 나마에데스까

🛎 **오늘 밤에는 무엇을 상영합니까?**

What's on tonight?

今夜の出し物は何ですか。

공야노 다시모노와 난데스까

🛎 **재미있습니까?**

Is it good?

面白いですか。

오모시로이데스까

🛎 **누가 출연합니까?**

Who appears on it?

誰が出演するのですか。

다레가 슈쓰엔스루노데스까

🛎 **오늘 표는 아직 있습니까?**

Are today's tickets still available?

今日の切符はまだありますか。

쿄-노 깁뿌와 마다 아리마스까

🛎 **몇 시에 시작됩니까?**

What time does it start?

何時に始まりますか。

난지니 하지마리마스까

콘서트 · 뮤지컬

📖 **뮤지컬을 보고 싶은데요.**
We'd like to see a musical.

ミュージカルを見たいのですが。
뮤-지까루오 미따이노데스가

📖 **여기서 티켓을 예약할 수 있나요?**
Can I make a ticket reservation here?

ここでチケットの予約ができますか。
고꼬데 치껫또노 요야꾸가 데끼마스까

📖 **이번 주 클래식 콘서트는 없습니까?**
Are there any classical concerts this week?

今週クラシックコンサートはありませんか。
곤슈- 쿠라식꾸 콘사-또와 아리마셍까

📖 **내일 밤 표를 2장 주세요.**
Two for tomorrow night, please.

明日の晩の切符を2枚お願いします。
아시따노 반노 깁뿌오 니마이 오네가이시마스

📖 **가장 싼 자리는 얼마입니까?**
How much is the cheapest seat?

一番安い席はいくらですか。
이찌방 야스이 세끼와 이꾸라데스까

📖 **가장 좋은 자리를 주세요.**
I'd like the best seats.

一番いい席をください。
이찌방 이- 세끼오 구다사이

관
광

관람을 할 때

UNIT 04

사진을 찍을 때

미술관이나 박물관에서는 사진촬영이 금지되어 있는 곳이 많으므로 게시판을
잘 살펴야 합니다. 삼각대, 플래시는 거의 금지되어 있습니다. 함부로 다른
사람에게 카메라를 향하는 것은 예의에 어긋나므로, 찍고 싶은 상대에게 허락
을 받고 나서 사진을 찍어야 합니다.

	필름 1통 주시겠어요?
Can I have a roll of _____ film?	
	フィルム一箱ください。
	휘루무오 히또하꼬 구다사이

☐	컬러	color	カラー	카라–
☐	흑백	black and white	白黒	시로꾸로
☐	24판	24 exposure	24枚撮り	니쥬–욤마이도리
☐	36판	36 exposure	36枚撮り	산쥬–로꾸마이도리

Q : 사진 한 장 찍어 주시겠어요?
Will you take a picture of me?
私の写真を撮っていただけますか。
와따시노 샤싱오 돗떼 이따다께마스까

A : 좋습니다. 어느 버튼을 누르면 됩니까?
Okay. Which button should I press?
いいですよ。どのボタンを押せばいいのですか。
이–데스요.　　도노 보땅오 오세바 이–노데스까

📖 여기서 사진을 찍어도 됩니까?
May I take a picture here?

ここで写真を撮ってもいいですか。

고꼬데 샤싱오 돗떼모 이-데스까

📖 여기서 플래시를 터뜨려도 됩니까?
May I use a flash here?

ここでフラッシュをたいてもいいですか。

고꼬데 후랏슈오 다이떼모 이-데스까

📖 비디오 촬영을 해도 됩니까?
May I take a video?

ビデオ撮影してもいいですか。

비데오 사쯔에- 시떼모 이-데스까

📖 당신 사진을 찍어도 되겠습니까?
May I take your picture?

あなたの写真を撮ってもいいですか。

아나따노 샤싱오 돗떼모 이-데스까

📖 함께 사진을 찍으시겠습니까?
Would you take a picture with me?

一緒に写真を撮ってもらえませんか。

잇쇼니 샤싱오 돗떼 모라에마셍까

📖 미안해요, 바빠서요.
Actually, I'm in a hurry.

ごめんなさい、急いでいるんです。

고멘나사이,　　　이소이데이룬데스

🛄 **사진 좀 찍어 주시겠어요?**
Would you take a picture of me?
私の写真を撮ってもらえませんか。
와따시노 샤싱오 돗떼 모라에마셍까

🛄 **셔터를 누르면 됩니다.**
Just push the button.
シャッターを押すだけです。
샷따-오 오스다께데스

🛄 **여기서 우리들을 찍어 주십시오.**
Please take a picture of us from here.
ここから私たちを写してください。
고꼬까라 와따시타찌오 우쯔시떼 구다사이

🛄 **한 장 더 부탁합니다.**
One more, please.
もう一枚お願いします。
모- 이찌마이 오네가이 시마스

🛄 **나중에 사진을 보내드리겠습니다.**
I'll send you the picture.
あとで写真を送ります。
아또데 샤싱오 오꾸리마스

🛄 **주소를 여기서 적어 주시겠어요?**
Could you write your address down here?
住所をここに書いてください。
쥬-쇼오 고꼬니 가이떼 구다사이

📖 **이거하고 같은 컬러필름은 있습니까?**

Do you have the same color film as this?

これと同じカラーフィルムは売っていますか。

고레또 오나지 카라-휘루무와 웃떼 이마스까

📖 **건전지는 어디서 살 수 있나요?**

Where can I buy a battery?

電池はどこで買えますか。

덴찌와 도꼬데 가에마스까

📖 **어디서 현상할 수 있습니까?**

Where can I have this film developed?

どこで現像できますか。

도꼬데 겐조- 데끼마스까

📖 **이것을 현상해 주시겠어요?**

Could you develop this film?

これを現像してください。

고레오 겐조-시떼 구다사이

📖 **인화를 해 주시겠어요?**

Could you make copies of this picture?

焼き増しをお願いします。

야끼마시오 오네가이 시마스

📖 **언제 됩니까?**

When can I have it done by?

いつ仕上がりますか。

이쯔 시아가리마스까

UNIT
05

 오락을 즐길 때

상대에게 어떤 분야에 흥미가 있는지를 물을 때는 どんな…が好(す)きです
か라고 하며, 이에 대해 좋아하면 …が好きです, 반대로 싫어하면 …が嫌
(きら)いです라고 응답을 하면 됩니다. 매우 좋아하거나 싫어할 때는 …が
大好き(大嫌い)です라고 하면 됩니다.

_____ 을(를) 주시겠어요?

May I have a _____ ?

_____ をお願いします。
　　　　　　　　　　ねが
오 오네가이시마스

□	위스키	whiskey	ウイスキー	우이스키-
□	콜라	coke	コーラ	코-라
□	커피	coffee	コーヒー	코-히-
□	맥주	beer	ビール	비-루

Q : 쇼는 언제 시작됩니까?
When does the show start?
ショーは何時から始まりますか。
　　　　　なんじ　　　　はじ
쇼-와 난지까라 하지마리마스까

A : 곧 시작됩니다.
Very soon, sir.
間もなくでございます。
ま
마모나꾸데 고자이마스

262

🗣 **좋은 나이트클럽은 있나요?**
Do you know of a good nightclub?

いいナイトクラブはありますか。
이- 나이또쿠라부와 아리마스까

🗣 **디너쇼를 보고 싶은데요.**
I want to see a dinner show.

ディナーショーを見たいのですが。
디나-쇼-오 미따이노데스가

🗣 **이건 무슨 쇼입니까?**
What kind of show is this?

これはどんなショーですか。
고레와 돈나 쇼-데스까

🗣 **무대 근처 자리로 주시겠어요?**
Can I have a table near the stage, please?

舞台の近くの席を下さいませんか。
부따이노 치까꾸노 세끼오 구다사이마셍까

🗣 **(클럽에서) 어떤 음악을 합니까?**
What kind of music are you performing?

どんな音楽をやっていますか。
돈나 옹가꾸오 얏떼 이마스까

🗣 **함께 춤추시겠어요?**
Will you dance with me?

一緒に踊りませんか。
잇쇼니 오도리마셍까

🎤 **이 가게에 가라오케는 있습니까?**
Is there karaoke here?

この店にカラオケはありますか。

고노 미세니 가라오께와 아리마스까

🎤 **기본은 몇 시간입니까?**
How many hours are the minimum time?

基本は何時間ですか。

기홍와 난지깐데스까

🎤 **요금은 얼마입니까?**
How much is the admission?

料金はいくらですか。

료-낑와 이꾸라데스까

🎤 **신청곡을 부탁합니다.**
Do you have a request song?

リクエストをお願いします。

리꾸에스또오 오네가이 시마스

🎤 **한국 노래는 있습니까?**
Do you have Korean music?

韓国の曲はありますか。

캉꼬꾸노 쿄꾸와 아리마스까

🎤 **노래를 잘하시는군요.**
You are a good singer.

歌が上手ですね。

우따가 죠-즈데스네

🗣 **파친코는 몇 시부터 합니까?**
What time does the casino open?

パチンコは何時からですか。
파찡꼬와 난지까라데스까

🗣 **좋은 파친코 가게를 소개해 주시겠어요?**
Could you recommend a good casino?

いいパチンコ屋を紹介してください。
이- 파찡꼬야오 쇼-까이시떼 구다사이

🗣 **파친코는 아무나 들어갈 수 있습니까?**
Is everyone allowed to enter casinos?

パチンコ屋へは誰でも入れますか。
파찡꼬야에와 다레데모 하이레마스까

🗣 **어떻게 하는 건가요?**
How can I play this?

どうすればいいですか。
도- 스레바 이-데스까

🗣 **구슬은 어디서 바꿀 수 있나요?**
Where can I get chips?

玉はどうやって交換しますか。
다마와 도-얏떼 코-깐시마스까

🗣 **남은 구슬은 현금으로 바꿔 주세요.**
Cash, please.

残った玉を現金に変えたいんですが。
노꼿따 다마오 겡낀니 가에따인데스가

스포츠를 즐길 때

스포츠에 관한 화제는 상대와의 공통점을 발견할 수 있는 좋은 기회로 쉽게 친해질 수 있는 계기가 됩니다. 어떤 스포츠를 하느냐고 물을 때는 どんなスポーツをやっていますか, 어떤 스포츠를 좋아하느냐고 물을 때는 どんなスポーツがお好きですか라고 하면 됩니다.

저는 _____ 을(를) 하고 싶습니다.

I'd like to _____ .

私は _____ がやりたいんです。

와따시와 _____ 가 야리따인데스

□	골프	play golf	ゴルフ	고루후
□	테니스	play tennis	テニス	테니스
□	스키	go skiing	スキー	스키-
□	서핑	go surfing	サーフィン	사-휭

Q : 함께하시겠어요?

Would you join us?

一緒にやりませんか。

잇쇼니 야리마셍까

A : 고맙습니다.

Thank you.

はい、どうも。

하이, 도-모

266

📖 농구시합을 보고 싶은데요.

I'd like to see a basketball game.

バスケットボールの試合がみたいんですが。

바스껫또보ー루노 시아이가 미따인데스가

📖 오늘 프로야구 시합은 있습니까?

Is there a professional baseball game today?

今日プロ野球の試合はありますか。

쿄ー 푸로야뀨ー노 시아이와 아리마스까

📖 어디서 합니까?

Where is the stadium?

どこで行われますか。

도꼬데 오꼬나와레마스까

📖 몇 시부터입니까?

What time does it begin?

何時からですか。

난지까라데스까

📖 어느 팀의 시합입니까?

Which teams are playing?

どのチームの試合ですか。

도노 치ー무노 시아이데스까

📖 표는 어디서 삽니까?

Where can I buy a ticket?

切符はどこで買うのですか。

깁뿌와 도꼬데 가우노데스까

🔊 테니스를 하고 싶은데요.
We'd like to play tennis.

テニスをしたいのですが。
테니스오 시따이노데스가

🔊 골프를 하고 싶은데요.
We'd like to play golf.

ゴルフをしたいのですが。
고루후오 시따이노데스가

🔊 골프 예약을 부탁합니다.
Can I make a reservation for golf?

ゴルフの予約をお願いします。
고루후노 요야꾸오 오네가이시마스

🔊 오늘 플레이할 수 있습니까?
Can we play today?

今日、プレーできますか。
쿄-, 푸레- 데끼마스까

🔊 그린피는 얼마입니까?
How much is the green fee?

グリーンフィーはいくらですか。
구리-인휘-와 이꾸라데스까

🔊 이 호텔에 테니스코트는 있습니까?
Do you have a tennis court in the hotel?

このホテルにテニスコートはありますか。
고노 호떼루니 테니스코-또와 아리마스까

268

스키·크루징

🔊 **스키를 하고 싶은데요.**
I'd like to ski.

スキーをしたいのですが。
스끼-오 시따이노데스가

🔊 **레슨을 받고 싶은데요.**
I'd like to take ski lessons.

レッスンを受けたいのですが。
렛승오 우께따이노데스가

🔊 **스키용품은 어디서 빌릴 수 있나요?**
Where can I rent ski equipment?

スキー用具はどこで借りることができますか。
스끼- 요-구와 도꼬데 가리루 고또가 데끼마스까

🔊 **리프트 승강장은 어디인가요?**
Where can I get on a ski lift?

リフト乗り場はどこですか。
리후또 노리바와 도꼬데스까

🔊 **짐은 어디에 보관하나요?**
Where's the checkroom?

荷物預かりはどこですか。
니모쯔아즈까리와 도꼬데스까

🔊 **어떤 종류의 크루징이 있습니까?**
What kind of cruising do you have?

どんな種類のクルージングがありますか。
돈나 슈루이노 쿠루-징구가 아리마스까

각종 표지	
男子用	남성용
婦人用 · 女子用	여성용
非常口	비상구
入場無料	무료입장
入口	입구
出口	출구
引く	당기시오
押す	미시오
止まれ	멈추시오
予約済	예약됨
案内所	안내소
禁煙	금연
撮影禁止	촬영금지
使用中	사용중
開	열림(엘리베이터)
閉	닫힘(엘리베이터)
閉店	폐점
危険	위험
立入禁止	출입금지

PART 7

쇼 핑

쇼핑에 관한 정보

☀ 쇼핑의 요령

여행에서 쇼핑도 빼놓을 수 없는 즐거움의 하나다. 꼭 필요한 품목은 미리 계획을 세워서 구입해야만 충동구매를 피할 수 있고, 귀국 시 세관에서 통관 절차가 간단하다.

☀ 영업시간

일본의 일반 점포 및 가게들은 평일과 마찬가지로 토, 일요일과 국경일에도 아침 10시부터 오후 8시경까지 문을 연다. 백화점은 평일 하루만 정기휴일이며, 백화점마다 다르다. 전문점에 따라서는 일요일이나 국경일에 영업을 하지 않는 경우도 있다.

대부분의 백화점 폐점시간은 20:00이다. 일반적으로 상점의 폐점시간이 우리나라보다 빠르므로 폐점시간 이후에는 일본 전역 어디서나 쉽게 만날 수 있는 24시간 편의점을 이용하면 된다.

☀ 할인점을 이용하라

어느 도시에서나 가장 저렴하게 쇼핑을 하고 싶다면, 그 도시에 사는 주민들에게 직접 물어보는 것이 가장 정확하다. 전자제품의 경우에도 우리가 흔히 알고 있는 도쿄의 아키하바라보다 아메요코 시장 옆에 있는 다케야가 같은 곳에서 물건을 훨씬 더 저렴한 가격에 구입할 수 있다. 다케야의 경우에는 관광객이나 여행객보다 도쿄의 주민들이 즐겨 찾는 상설할인 매장이다.

☀ 일본의 백화점

일본 도쿄의 긴자나 이케부쿠로, 교토의 기온, 하카타의 텐진 등 도시의 중심가에 들어서면 수없이 많은 백화점을 만날 수 있다. 일본의 백화점은 규모면에서 우리나라보다 조금 더 크긴 하지만, 전체적으로는 별반 차이는 없다고 봐도 무방하다. 일본 여행 중 거리에서 만날 수 있는 주요 백화점을 보면 다음과 같다.

다이마루 백화점 http://www.daimaru.co.jp/

이세탄 백화점 www.isetan.co.jp

도큐 백화점 www.tokyu-dept.co.jp

세이부 백화점 www.sogo-seibu.jp

다카시마야 백화점 http://www.takashimaya.co.jp

☀ 면세점

원칙적으로 세금을 내지 않고 세관을 통과할 수 있는 한도는 주류는 2병(2리터, 400달러 이하), 담배는 한 보루, 향수는 60㎖까지이다. 기타 물품은 해외 시가 합계액 기준으로 800달러이며, 800달러을 초과할 경우엔 800달러 이내 물품은 면세이며, 나머지 금액에 대해 과세가 적용된다.

☀ 선물 고르기

그 밖에 기념품으로 도자기, 렌즈, 세공품, 인형, 실크, 과자류 등은 관광지에서 구입할 수도 있다. 전자제품은 동경에서는 아키아바라, 오사카에서는 덴덴타운 그리고 큐슈에서는 후쿠오카의 덴진서쪽거리(天神西通)나 후쿠오카시청(福岡市役所) 부근에 가면 세계 유명 브랜드 제품에서 잡화, 전자제품 등을 구입할 수 있다.

UNIT
01 가게를 찾을 때

쇼핑은 여행의 커다란 즐거움 중 하나입니다. 싼 가게, 큰 가게, 멋진 가게, 대규모의 쇼핑센터 등을 사전에 알아두면 편리합니다. 가게를 찾을 때는 … 는 어디에 있습니까. (…은 어디에 있습니까?)라고 묻고, 영업시간이나 휴업일을 미리 알아둡시다.

이 주변에 _____ 은(는) 있습니까?

Is there a _____ around here?

この辺 <small>へん</small> に _____ はありますか。

고노 헨니   와 아리마스까

□	슈퍼마켓	supermarket	スーパー	스―빠―
□	쇼핑센터	shopping center	ショッピングセンター	숍핑구센따―
□	선물가게	gift store	お土産店	오미야게뗑
□	보석가게	jewelry store	宝石店	호―세끼뗑

Q : 이건 어디서 살 수 있습니까?

Where can I buy this?

これはどこで買 <small>か</small> えますか。

고레와 도꼬데 가에마스까

A : 그 쇼핑센터에서 살 수 있습니다.

At the shopping center.

あのショッピングセンターへ行 <small>い</small> けばありますよ。

아노 숍핑구센따―에 이께바 아리마스요

🗣 **쇼핑센터는 어디에 있습니까?**
Where's the shopping mall?

ショッピングセンターはどこにありますか。
숍핑구 센따–와 도꼬니 아리마스까

🗣 **이 도시의 쇼핑가는 어디입니까?**
Where is the shopping area in this town?

この町のショッピング街はどこですか。
고노 마찌노 숍핑구가이와 도꼬데스까

🗣 **쇼핑 가이드는 있나요?**
Do you have a shopping guide?

ショッピングガイドはありますか。
숍핑구 가이도와 아리마스까

🗣 **선물은 어디서 살 수 있습니까?**
Where can I buy some souvenirs?

おみやげはどこで買えますか。
오미야게와 도꼬데 가에마스까

🗣 **면세점은 있습니까?**
Is there a duty-free shop?

免税店はありますか。
멘제–뗑와 아리마스까

🗣 **이 주변에 백화점은 있습니까?**
Is there a department store around here?

この辺りにデパートはありますか。
고노 아따리니 데빠–또와 아리마스까

🛒 **가장 가까운 슈퍼는 어디에 있습니까?**
Where's the nearest grocery store?

一番近いスーパーはどこですか。

이찌반 치까이 스―빠―와 도꼬데스까

🛒 **편의점을 찾고 있습니다.**
I'm looking for a convenience store.

コンビニを探しています。

콤비니오 사가시떼 이마스

🛒 **좋은 스포츠 용품점을 가르쳐 주시겠어요?**
Could you recommend a good sporting goods store?

いいスポーツ用具店を教えてください。

이― 스뽀―쯔 요―구뗑오 오시에떼 구다사이

🛒 **세일은 어디서 하고 있습니까?**
Who's having a sale?

バーゲンはどこでやっていますか。

바―겡와 도꼬데 얏떼 이마스까

🛒 **이 주변에 할인점은 있습니까?**
Is there a discount shop around here?

この辺りにディスカウントショップはありますか。

고노 아따리니 디스카운또숍뿌와 아리마스까

🛒 **그건 어디서 살 수 있나요?**
Where can I buy it?

それはどこで買えますか。

소레와 도꼬데 가에마스까

📖 그 가게는 오늘 문을 열었습니까?
Is that shop open today?
その店は今日開いていますか。
소노 미세와 쿄- 아이떼 이마스까

📖 여기서 멉니까?
Is that far from here?
ここから遠いですか。
고꼬까라 토-이데스까

📖 몇 시에 개점합니까?
What time do you open?
何時に開店しますか。
난지니 카이뗀 시마스까

📖 몇 시에 폐점합니까?
What time do you close?
何時に閉店しますか。
난지니 헤-뗀 시마스까

📖 영업시간은 몇 시부터 몇 시까지입니까?
What are your business hours?
営業時間は何時から何時までですか。
에-교-지깡와 난지까라 난지마데 데스까

📖 몇 시까지 합니까?
How late are you open?
何時まで開いていますか。
난지마데 아이떼 이마스까

각종 가게

백화점	デパート 데빠―또
슈퍼마켓	スーパー(マーケット) 스―빠―(마―껫또)
시장	市場(いちば) 이찌바
은행	銀行(ぎんこう) 깅꼬―
약국	薬屋(くすりや) 구스리야
골동품점	骨董屋(こっとうや) 곳또―야
화랑	画廊(がろう) 가로―
서점	書店(しょてん) [쇼뗑] · 本屋(ほんや) 홍야
문방구점	文房具屋(ぶんぼうぐや) 붐보―구야
식료품점	食料品店(しょくりょうひんてん) 쇼꾸료―힌뗀
정육점	肉屋(にくや) 니꾸야
생선가게	魚屋(さかなや) 사까나야
야채가게	八百屋(やおや) 야오야
제과점	パン屋(や) 팡야
과자가게	菓子屋(かしや) 가시야
포목점	生地屋(きじや) 기지야
세탁소	クリーニング屋(や) 쿠리―닝구야
이발소	理髪店(りはつてん) 리하쯔뗑
미용실	美容室(びようしつ) 비요―시쯔
꽃집	花屋(はなや) 하나야
화장품가게	化粧品店(けしょうひんてん) 게쇼―힌뗑
전기제품점	電気器具店(でんききぐや) 뎅끼키구야
카메라점	カメラ屋(や) 카메라야
주유소	ガソリン · スタンド 가소린 · 스딴도
모자가게	帽子屋(ぼうしや) 보―시야
보석상점	宝石屋(ほうせきや) 호―세끼야

278

안경점	眼鏡屋(めがねや) 메가네야
사진점	写真屋(しゃしんや) 샤싱야
양화점	靴屋(くつや) 구쯔야
토산품점	土産物屋(みやげや) 미야게야
스포츠용품점	スポーツ用品店(ようひんてん) 스뽀ー쯔 요ー힌뗑
양복점	洋服店(ようふくてん) 요ー후꾸뗑
양장점	婦人服店(ふじんふくてん) 후징후꾸뗑
장난감가게	おもちゃ屋(や) 오모쨔야
시계점	時計屋(とけいや) 도께ー야
주류판매점	酒屋(さかや) 사까야

가게에서 쓰이는 말

개점	開店(かいてん) 가이뗑
폐점	閉店(へいてん) 헤ー뗑
금일휴업	本日休業(ほんじつきゅうぎょう) 혼지쯔큐ー교ー
특매품	特売商品(とくばいしょうひん) 토꾸바이쇼ー힝
브랜드	ブランド 부란도
메이커	メーカー 메ー까ー
일본제품	日本製品(にほんせいひん) 니혼세ー힝
종이봉지	紙袋(かみぶくろ) 가미부꾸로
가격인하	値引(ねび)き 네비끼
점원	店員(てんいん) 뎅잉
점장	店長(てんちょう) 덴쬬ー
윈도우	ウィンドー 윈도ー
배달	配達(はいたつ) 하이따쯔
배송	配送(はいそう) 하이소ー
교환	交換(こうかん) 코ー깡
환불	返金(へんきん) 헹낑

물건을 찾을 때

가게에 들어가면 점원에게 가볍게 인사를 합시다. 何をお探しですか。(뭐를 찾으십니까?)라고 물었을 때 살 마음이 없는 경우에는 見ているだけです。 (보고 있습니다.)라고 대답합니다. 말을 걸었는데 대답을 하지 않거나 무시 하는 것은 상대에게 실례가 됩니다.

_____ 을(를) 보여 주세요.

Please show me _____ .

_____ を見せてください。
오 미세떼 구다사이

□	이것	this	これ	고레
□	저것	that	あれ	아레
□	티셔츠	T-shirt	Tシャツ	티샤쯔
□	선글라스	sunglasses	サングラス	상구라스

Q : 무얼 찾으십니까?
What can I do for you?
何をお探しですか。
나니오 오사가시데스까

A : 스커트를 찾고 있는데요.
I'm looking for a skirt.
スカートを探しているのですが。
스까-또오 사가시떼 이루노데스가

📕 (점원) 어서 오십시오.
What can I do for you?

いらっしゃいませ。
이랏샤이마세

📕 무얼 찾으십니까?
May I help you?
<ruby>何<rt>なに</rt></ruby>かお<ruby>探<rt>さが</rt></ruby>しですか。
나니까 오사가시데스까

📕 그냥 구경하는 겁니다.
I'm just looking.
<ruby>見<rt>み</rt></ruby>ているだけです。
미떼이루 다께데스

📕 필요한 것이 있으시면 말씀하십시오.
If you need any help, let me know.
<ruby>何<rt>なに</rt></ruby>か<ruby>御用<rt>よう</rt></ruby>がありましたら、お<ruby>知<rt>し</rt></ruby>らせください。
나니까 고요-가 아리마시따라, 오시라세 구다사이

📕 여기 잠깐 봐 주시겠어요?
Hello. Can you help me?

ちょっとよろしいですか。
춋또 요로시-데스까

📕 블라우스를 찾고 있습니다.
I'm looking for a blouse.

ブラウスを<ruby>探<rt>さが</rt></ruby>しています。
부라우스오 사가시떼 이마스

🛍️ 코트를 찾고 있습니다.

I'm looking for a coat.

コートを探しているのです。

코-또오 사가시떼 이루노데스

🛍️ 운동화를 사고 싶은데요.

I want a pair of sneakers.

スニーカーを買いたいのです。

스니-까-오 가이따이노데스

🛍️ 아내에게 선물할 것을 찾고 있습니다.

I'm looking for something for my wife.

妻へのプレゼントを探しています。

쓰마에노 푸레젠또오 사가시떼 이마스

🛍️ 캐주얼한 것을 찾고 있습니다.

I'd like something casual.

カジュアルなものを探しています。

카쥬아루나 모노오 사가시떼 이마스

🛍️ 샤넬은 있습니까?

Do you have Chanel?

シャネルは置いてありますか。

샤네루와 오이떼 아리마스까

🛍️ 선물로 적당한 것은 없습니까?

Could you recommend something good for a souvenir?

何かおみやげに適当な物はありませんか。

나니까 오미야게니 데끼또-나 모노와 아리마셍까

📕 **저걸 보여 주시겠어요?**
Would you show me that one?

あれを見せてください。
아레오 미세떼 구다사이

📕 **면으로 된 것이 필요한데요.**
I'd like something in cotton.

綿素材のものが欲しいんですが。
멘 소자이노 모노가 호시인데스가

📕 **이것과 같은 것은 있습니까?**
Do you have any more like this?

これと同じものはありますか。
고레또 오나지 모노와 아리마스까

📕 **이것뿐입니까?**
Is this all?

これだけですか。
고레다께데스까

📕 **이것 6호는 있습니까?**
Do you have this in size six?

これの6号はありますか。
고레노 로꾸 고-와 아리마스까

📕 **30세 정도의 남자에게는 뭐가 좋을까요?**
What do you suggest for a thirty-year-old man?

30歳くらいの男性には何がいいですか。
산쥿사이 쿠라이노 단세-니와 나니가 이-데스까

UNIT
03

물건을 고를 때

가게에 들어가서 상품에 함부로 손을 대지 않도록 합시다. 가게에 진열되어 있는 상품은 어디까지나 샘플이기 때문에 손을 대는 것은 살 마음이 있다고 상대가 받아들일 수도 있습니다. 보고 싶을 경우에는 옆에 있는 점원에게 부탁을 해서 꺼내오도록 해야 합니다.

이건 저에게 너무 _____ .

This is too _____ for me.

これは私に少し _____ 。

고레와 와따시니 스꼬시

□	큽니다	big	大きすぎます	오-끼스기마스
□	작습니다	small	小さすぎます	치이사스기마스
□	깁니다	long	長すぎます	나가스기마스
□	짧습니다	short	短すぎます	미지까스기마스

Q : 어떤 게 좋을까요?

Which one looks better?

どっちがいいと思いますか。

돗찌가 이-또 오모이마스까

A : 모두 어울립니다.

They both look good on you.

どちらもお似合いですよ。

도찌라모 오니아이데스요

물건을 보고 싶을 때

🛍️ **그걸 봐도 될까요?**
May I see it?

それを見てもいいですか。
소레오 미떼모 이-데스까

🛍️ **몇 가지 보여 주세요.**
Could you show me some?

いくつか見せてください。
이꾸쓰까 미세떼 구다사이

🛍️ **이 가방을 보여 주시겠어요?**
Could you show me this bag?

このバッグを見せてもらえますか。
고노 박구오 미세떼 모라에마스까

🛍️ **다른 것을 보여 주시겠어요?**
Can you show me another one?

別のものを見せていただけますか。
베쯔노 모노오 미세떼 이따다께마스까

🛍️ **더 품질이 좋은 것은 없습니까?**
Do you have anything of better quality?

もっと質のいいのはありませんか。
못또 시쯔노 이-노와 아리마셍까

🛍️ **잠깐 다른 것을 보겠습니다.**
I'll try something else.

ちょっと他のものを見てみます。
춋또 호까노 모노오 미떼미마스

🛎 **무슨 색이 있습니까?**
What kind of colors do you have?
何色がありますか。
나니이로가 아리마스까

🛎 **빨간 것은 있습니까?**
Do you have a red one?
赤いのはありますか。
아까이노와 아리마스까

🛎 **너무 화려(수수)합니다.**
This is too flashy(plain).
派手(地味)すぎます。
하데(지미)스기마스

🛎 **더 화려한 것은 있습니까?**
Do you have a flashier one?
もっと派手なのはありますか。
못또 하데나노와 아리마스까

🛎 **더 수수한 것은 있습니까?**
Do you have a plainer one?
もっと地味なのはありますか。
못또 지미나노와 아리마스까

🛎 **이 색은 좋아하지 않습니다.**
I don't like this color.
この色は好きではありません。
고노 이로와 스끼데와 아리마셍

디자인을 고를 때

🔊 **다른 스타일은 있습니까?**
Do you have any other style?

ほかの型はありますか。
호까노 가따와 아리마스까

🔊 **어떤 디자인이 유행하고 있습니까?**
What kind of style is now in fashion?

どんなデザインが流行していますか。
돈나 데자인가 류-꼬-시떼 이마스까

🔊 **이런 디자인은 좋아하지 않습니다.**
I don't like this design.

このデザインは好きではありません。
고노 데자잉와 스끼데와 아리마셍

🔊 **다른 디자인은 있습니까?**
Do you have any other design?

他のデザインはありますか。
호까노 데자잉와 아리마스까

🔊 **디자인이 비슷한 것은 있습니까?**
Do you have one with a similar design?

デザインが似ているものはありますか。
데자잉가 니떼이루 모노와 아리마스까

🔊 **이 벨트는 남성용입니까?**
Is this belt for men?

このベルトは男物ですか。
고노 베루또와 오또꼬모노데스까

📖 어떤 사이즈를 찾으십니까?
What size are you looking for?

どのサイズをお探しですか。

도노 사이즈오 오사가시데스까

📖 사이즈는 이것뿐입니까?
Is this the only size you have?

サイズはこれだけですか。

사이즈와 고레다께데스까

📖 제 사이즈를 모르겠는데요.
I don't know my size.

自分のサイズがわからないのですが。

지분노 사이즈가 와까라나이노데스가

📖 사이즈를 재주시겠어요?
Could you measure me?

サイズを測っていただけますか。

사이즈오 하깟떼 이따다께마스까

📖 더 큰 것은 있습니까?
Do you have a bigger one?

もっと大きいのはありますか。

못또 오-끼-노와 아리마스까

📖 더 작은 것은 있습니까?
Do you have a smaller one?

もっと小さいのはありますか。

못또 치-사이노와 아리마스까

🛍 재질은 무엇입니까?
What's this made of?
材質は何ですか。
자이시쯔와 난데스까

🛍 일제입니까?
Is this made in Japan?
日本製ですか。
니혼세-데스까

🛍 질은 괜찮습니까?
Is this good quality?
質はいいですか。
시쯔와 이-데스까

🛍 이건 실크 100%입니까?
Is this 100%(a hundred percent) silk?

これはシルク100%ですか。
고레와 시루꾸 햐꾸 파-센또데스까

🛍 이건 수제입니까?
Is this hand-made?

これはハンドメイドですか
고레와 한도메이도데스까

🛍 이건 무슨 향입니까?
What's this fragrance?
これは何の香りですか。
고레와 난노 가오리데스까

전자제품·사진	
전기밥솥	電気釜(でんきがま) 뎅끼가마
다리미	アイロン 아이롱
시계	時計(とけい) 도께–
손목시계	腕時計(うでどけい) 우데도께–
전지	電池(でんち) 덴찌
전기면도기	電気(でんき)かみそり 뎅끼카미소리
자명종	目覚(めざ)まし時計(どけい) 메자마시도께–
전자계산기	電卓(でんたく) 덴따꾸
믹서	ミキサー 미끼사–
컴퓨터	パソコン 파소꽁
노트북	ノートブック 노–또북꾸
라디오	ラジオ 라지오
라디오카세트	ラジカセ 라지까세
비디오	ビデオ 비데오
텔레비전	テレビ 테레비
리모콘	リモコン 리모꽁
에어컨	エアコン 에아꽁
카메라	カメラ 카메라
무비카메라	ムービカメラ 무–비카메라
필름	フィルム 휘루무
흑백	白黒(しろくろ) 시로꾸로
컬러	カラー 카라–
현상	現像(げんぞう) 겐조–
확대	引(ひ)き延(の)ばし 히끼노바시
인화	焼(や)き付(つ)け 야끼쓰께
필터	フィルター 휘루따–

	기념품·화장품
죽제품	竹製品(たけせいひん) 다께세-힝
인형	人形(にんぎょう) 닝교-
귀걸이	イヤリング 이야링구
목걸이	ネックレス 넥꾸레스
부채	扇子(せんす) 센스
민예품	民芸品(みんげいひん) 밍게-힝
핸드백	ハンドバッグ 항도박구
칠기	塗(ぬ)り物(もの) 누리모노
그림엽서	絵(え)ハガキ 에하가끼
도기	陶器(とうき) 토-끼
장난감	玩具(おもちゃ) 오모쨔
분	おしろい 오시로이
립스틱	口紅(くちべに) 구찌베니
향수	香水(こうすい) 코-스이
아세톤	マニキュア・リムーバー 마니큐아·리무-바-
아이라이너	アイライナー 아이라이나-
아이섀도	アイシャドー 아이샤도-
방취제	防臭剤(ぼうしゅざい) 보-슈자이
손톱깎이	つめきり 쓰메끼리
면도기	かみそり 가미소리
면도날	かみそりの刃(は) 가미소리노하
비누	せっけん 섹껭
칫솔	歯(は)ブラシ 하부라시
치약	歯(は)みがきこ 하미가끼꼬
화장지	トイレペーパー 토이레페-빠-
빗	くし・ヘアブラシ 구시·헤아부라시

옷과 신발

양복	洋服(ようふく) 요-후꾸
신사복	背広(せびろ) 세비로
블라우스	ブラウス 부라우스
단추	ボタン 보땅
넥타이	ネクタイ 네꾸따이
겉옷	上着(うわぎ) 우와기
속옷	下着(したぎ) 시따기
스커트	スカート 스까-또
속치마	スリップ 스립뿌
바지	ズボン 즈봉
코트	コート 코-또
재킷	ジャケット 쟈껫또
잠옷	寝巻(ねま)き 네마끼
스카프	スカーフ 스까-후
장갑	手袋(てぶくろ) 데부꾸로
손수건	ハンカチ 항까치
양말	靴下(くつした) 구쯔시따 · ソックス 속꾸스
스타킹	ストッキング 스토낑구
벨트	ベルト 베루또
주머니	ポケット 포껫또
소매	袖(そで) 소데
칼라	襟(えり) 에리
구두 · 신발	靴(くつ) 구쯔 · 履物(はきもの) 하끼모노
슬리퍼	スリッパ 스립빠
부츠	ブーツ 부-쯔
샌들	サンダル 산다루

귀금속·책·문구류와 완구	
다이아몬드	ダイヤモンド 다이야몬도
에메랄드	エメラルド 에메라루도
진주	真珠(しんじゅ) 신쥬
금	金(きん) 킹
책	本(ほん) 홍
사전	辞典(じてん) 지뗑
신문	新聞(しんぶん) 심붕
잡지	雑誌(ざっし) 잣시
지도	地図(ちず) 치즈
도로지도	道路地図(どうろちず) 도-로치즈
안내서	案内書(あんないしょ) 안나이쇼
노트	ノート 노-또
볼펜	ボールペン 보-루뼁
연필	鉛筆(えんぴつ) 엠삐쯔
지우개	消(け)しゴム 게시고무
만년필	万年筆(まんねんひつ) 만넹히쯔
샤프펜슬	シャープペンシル 샤-뿌펜시루
풀	のり 노리
봉투	封筒(ふうとう) 후-또-
편지지	便(びん)せん 빈셍
엽서	葉書(はがき) 하가끼
그림엽서	絵葉書(えはがき) 에하가끼
카드(트럼프)	トランプ 토람뿌
가위	はさみ 하사미
끈	紐(ひも) 히모
캘린더	カレンダー 카렌다-
레코드	レコード 레꼬-도
테이프	テープ 테-뿌

UNIT 04

백화점·면세점에서

백화점은 가장 안전하고 좋은 물건을 구입할 수 있는 곳입니다. 또한 저렴하게 좋은 물건을 구입할 수 있는 곳으로는 국제공항의 출국 대합실에 免税店 (Duty Free)이라는 간판을 내걸고 술, 향수, 보석, 담배 등을 파는 면세점이 있습니다. 나라나 도시에 따라서는 시내에도 공인 면세점이 있어 해외여행자의 인기를 모으고 있습니다.

_____은(는) 몇 층에 있습니까?

What floor is _____ on?

_____は何階にありますか。
와 낭까이니 아리마스까

□	남성복	men's wear	紳士服	신시후꾸
□	여성복	women's wear	婦人服	후징후꾸
□	장난감	toy	おもちゃ	오모쨔
□	화장품	cosmetics	化粧品	게쇼-힝

Q : 선물용 술을 찾고 있는데요.
I'm looking for liquor for a souvenir.
おみやげ用の酒を探していますが。
오미야게요노 사께오 사가시떼 이마스가

A : 여권을 보여 주시겠어요?
May I see your passport?
パスポートを見せていただけますか。
파스뽀-또오 미세떼 이따다께마스까

📧 **신사복 매장은 몇 층입니까?**

What floor is men's wear on?

紳士服売場は何階ですか。

신시후꾸 우리바와 낭까이데스까

📧 **여성용 매장은 어디입니까?**

Where's the ladies' department?

女性ものの売場はどこですか。

죠세-모노노 우리바와 도꼬데스까

📧 **화장품은 어디서 살 수 있습니까?**

Where do you sell cosmetics?

化粧品はどこで買えますか。

케쇼-힝와 도꼬데 가에마스까

📧 **저기에 디스플레이 되어 있는 셔츠는 어디에 있습니까?**

Where can I find that shirt?

あそこに飾ってあるシャツはどこにありますか。

아소꼬니 가잣떼 아루 샤쯔와 도꼬니 아리마스까

📧 **세일하는 물건을 찾고 있습니다.**

I'm looking for some bargains.

バーゲン品を探しています。

바-겐힝오 사가시떼 이마스

📧 **선물은 어디서 살 수 있나요?**

Where can I buy some souvenirs?

おみやげはどこで買えますか。

오미야게와 도꼬데 가에마스까

물건을 고를 때

🛒 **다른 상품을 보여 주세요.**
Please show me another one.
他の商品を見せてください。
호까노 쇼-힝오 미세떼 구다사이

🛒 **예산은 어느 정도이십니까?**
How much would you like to spend?
ご予算はおいくらぐらいでしょう。
고요-상와 오이꾸라 구라이데쇼-

🛒 **신상품은 어느 것입니까?**
Which are brand-new items?
新商品はどれですか。
신쇼-힝와 도레데스까

🛒 **손질은 어떻게 하면 됩니까?**
How do you take care of this?
お手入れはどうすればいいですか。
오떼이레와 도-스레바 이-데스까

🛒 **이것은 어느 브랜드입니까?**
What brand is this?
これはどのブランドですか。
고레와 도노 부란도데스까

🛒 **신상품은 어느 것입니까?**
Which are brand-new items?
新商品はどれですか。
신쇼-힝와 도레데스까

📑 **면세점은 어디에 있습니까?**
Where's a duty free shop?
免税店はどこにありますか。
멘제-뗑와 도꼬니 아리마스까

📑 **얼마까지 면세가 됩니까?**
How much duty free can I buy?
いくらまで免税になりますか。
이꾸라마데 멘제-니 나리마스까

📑 **어느 브랜드가 좋겠습니까?**
What brand do you suggest?
どの銘柄がいいですか。
도노 메-가라가 이-데스까

📑 **이 가게에서는 면세로 살 수 있습니까?**
Can I buy things duty free here?
この店では免税で買うことができますか。
고노 미세데와 멘제-데 가우 고또가 데끼마스까

📑 **여권을 보여 주십시오.**
May I have your passport, please?
パスポートを拝見します。
파스뽀-또오 하이껭 시마스

📑 **비행기를 타기 전에 수취하십시오.**
Receive before boarding.
飛行機に乗る前にお受け取りください。
히꼬-끼니 노루 마에니 오우께또리 구다사이

물건값을 계산할 때

가격을 흥정할 때는 少し割引きできませんか, 지불할 때는 全部でいくらに
なりますか라고 합니다. 거의 모든 가게에서 현금, 신용카드, 여행자수표 등
으로 물건값을 계산할 수 있지만, 여행자수표를 사용할 때는 여권의 제시를
요구하는 가게도 있습니다. 번잡한 가게나 작은 가게에서는 여행자수표를 꺼
리는 경우도 있습니다.

_____ 은(는) 받습니까?	でいいですか。
Do you accept _____ ?	데 이-데스까

□	신용카드	credit card	クレジットカード	쿠레짓또카-도
□	여행자수표	traveler's checks	トラベラーズチェック	토라베라-즈첵꾸
□	비자	Visa	ビザ	비자
□	마스터카드	MasterCard	マスターカード	마스따-카-도

Q : **얼마입니까?**
How much is this?

おいくらですか。
오이꾸라데스까

A : **200엔입니다.**
It's ¥200(two hundred Yen).
200円です。
니햐꾸엔데스

298

🛍 **계산은 어디서 합니까?**
Where is the cashier?

<ruby>会計<rt>かいけい</rt></ruby>はどちらですか。
카이께-와 도찌라데스까

🛍 **전부 해서 얼마가 됩니까?**
How much is it all together?

<ruby>全部<rt>ぜんぶ</rt></ruby>でいくらになりますか。
젬부데 이꾸라니 나리마스까

🛍 **하나에 얼마입니까?**
How much for one?

1つ、いくらですか。
히또쯔, 이꾸라데스까

🛍 **(다른 상품의 가격을 물을 때) 이건 어때요?**
How about this one?

これはどうですか。
고레와 도-데스까

🛍 **이건 세일 중입니까?**
Is this on sale?

これはセール<ruby>中<rt>ちゅう</rt></ruby>ですか。
고레와 세-루쮸데스까

🛍 **세금이 포함된 가격입니까?**
Does it include tax?

<ruby>税金<rt>ぜいきん</rt></ruby>は<ruby>含<rt>ふく</rt></ruby>まれた<ruby>額<rt>がく</rt></ruby>ですか。
제이낑와 후꾸마레따 가꾸데스까

🛒 너무 비쌉니다.

It's too expensive.

高<ruby>たか</ruby>すぎます。

다까스기마스

🛒 깎아 주시겠어요?

Can you give a discount?

負<ruby>ま</ruby>けてくれますか。

마께떼 구레마스까

🛒 더 싼 것은 없습니까?

Anything cheaper?

もっと安<ruby>やす</ruby>い物<ruby>もの</ruby>はありませんか。

못또 야스이 모노와 아리마셍까

🛒 더 싸게 해 주실래요?

Will you take less than that?

もっと安<ruby>やす</ruby>くしてくれませんか。

못또 야스꾸시떼 구레마셍까

🛒 깎아주면 사겠습니다.

If you discount, I'll buy.

負<ruby>ま</ruby>けてくれたら買<ruby>か</ruby>います。

마께떼 구레따라 가이마스

🛒 현금으로 지불하면 더 싸게 됩니까?

Do you give discounts for cash?

現金払<ruby>げんきんはら</ruby>いなら安<ruby>やす</ruby>くなりますか。

겡낑 하라이나라 야스꾸 나리마스까

🗣️ **이걸로 하겠습니다.**
I'll take this.

これにします。
고레니 시마스

🗣️ **이것을 10개 주세요.**
I'll take ten of these.

これを10個ください。
고레오 쥭-꼬 구다사이

🗣️ **지불은 어떻게 하시겠습니까?**
How would you like to pay?

お支払いはどうなさいますか。
오시하라이와 도- 나사이마스까

🗣️ **카드도 됩니까?**
May I use a credit card?

カードで支払いできますか。
카-도데 시하라이 데끼마스까

🗣️ **여행자수표도 받나요?**
Can I use traveler's checks?

トラベラーズチェックで支払いできますか。
토라베라-즈 첵꾸데 시하라이 데끼마스까

🗣️ **영수증을 주시겠어요?**
Could I have a receipt?

領収書をいただけますか。
료-슈-쇼오 이따다께마스까

쇼
핑

물건값을 계산할 때

301

UNIT

06

포장·배송을 원할 때

구입한 물건을 들 수 없는 경우에는 호텔까지 배달을 부탁합니다. 한국으로 직접 배송을 원하는 경우에는 항공편인지 선편인지 확인하는 것을 잊지 말고 선편이라면 한국까지 상당한 시간이 걸립니다. 빠른 것을 원할 경우에는 항공회사나 국제택배 등을 이용하는 것이 좋을 것입니다.

이것을 _____ (으)로 보내 주시겠어요?

Could you send this to _____ ?

これを _____ に送っていただけますか。

고레오　　　　　　　　　니 오꿋떼 이다다께마스까

□	제 호텔	my hotel	私のホテル	와따시노 호떼루
□	이 주소	this address	この住所	고노 쥬ー쇼
□	한국	Korea	韓国	캉꼬꾸
□	서울	Seoul	ソウル	소우루

Q : 따로따로 싸 주세요.

Please wrap them separately.

別々に包んでください。

베쓰베쓰니 쓰쓴데 구다사이

A : 알겠습니다.

Oh, okay.

かしこまりました。

가시꼬마리마시다

포장을 부탁할 때

📗 **봉지를 주시겠어요?**
Could I have a bag?
袋をいただけますか。
후꾸로오 이따다께마스까

📗 **봉지에 넣기만 하면 됩니다.**
Just put it in a bag, please.
袋に入れるだけでけっこうです。
후꾸로니 이레루다께데 겍꼬－데스

📗 **이걸 선물용으로 포장해 주시겠어요?**
Can you gift-wrap this?
これをギフト用に包んでもらえますか。
고레오 기후또요－니 쓰쓴데 모라에마스까

📗 **따로따로 포장해 주세요.**
Please wrap them separately.
別々に包んでください。
베쓰베쓰니 쓰쓴데 구다사이

📗 **이거 넣을 박스 좀 얻을 수 있나요?**
Is it possible to get a box for this?
これを入れるボックスをいただけますか。
고레오 이레루 복꾸스오 이따다께마스까

📗 **이거 포장할 수 있나요? 우편으로 보내고 싶은데요.**
Can you wrap this up? I want to send it by mail.
これ包んでもらえますか、郵便で送りたいんですが。
고레 쓰쓴데 모라에마스까,　유－빈데 오꾸리따인데스가

🛎 **이걸 ○○호텔까지 갖다 주시겠어요?**
Could you send this to ○○Hotel?

○○ホテルまでこれを届けてもらえますか。

○○호떼루마데 고레오 도도께떼 모라에마스까

🛎 **오늘 중으로(내일까지) 배달해 주었으면 하는데요.**
I'd like to have it today(by tomorrow).

今日中に(明日まで)届けてほしいのです。

쿄―쥬니(아시따마데) 토도께떼 호시이노데스

🛎 **언제 배달해 주시겠습니까?**
When would it arrive?

いつ届けてもらえますか。

이쯔 도도께떼 모라에마스까

🛎 **별도로 요금이 듭니까?**
Is there an extra charge for that?

別料金がかかりますか。

베쓰료―낑가 가까리마스까

🛎 **이 카드를 첨부해서 보내 주세요.**
I'd like to send it with this card.

このカードを添えて送ってください。

고노 카―도오 소에떼 오꿋떼 구다사이

🛎 **이 주소로 보내 주세요.**
Please send it to this address.

この住所に送ってください。

고노 쥬―쇼니 오꿋떼 구다사이

🛍 **이 가게에서 한국으로 발송해 주시겠어요?**
Could you send this to Korea from here?
この店から韓国に発送してもらえますか。
고노 미세까라 캉꼬꾸니 핫소-시떼 모라에마스까

🛍 **한국 제 주소로 보내 주시겠어요?**
Could you send it to my address in Korea?
韓国の私の住所宛に送ってもらえますか。
캉꼬꾸노 와따시노 쥬-쇼아떼니 오꿋떼 모라에마스까

🛍 **항공편으로 부탁합니다.**
By air mail, please.
航空便でお願いします。
코-꾸-빈데 오네가이시마스

🛍 **선편으로 부탁합니다.**
By sea mail, please.
船便でお願いします。
후나빈데 오네가이시마스

🛍 **한국까지 항공편으로 며칠 정도 걸립니까?**
How long does it take to reach Korea by air mail?
韓国まで航空便で何日くらいかかりますか。
캉꼬꾸마데 코-꾸-빈데 난니찌 쿠라이 가까리마스까

🛍 **항공편으로 얼마나 듭니까?**
How much does it cost by air mail?
航空便でいくらくらいかかりますか。
코-꾸-빈데 이꾸라 쿠라이 가까리마스까

UNIT

07 물건에 대한 클레임

가게에 클레임을 제기할 때는 감정적으로 대하지 말고 침착하게 요점을 말해야 합니다. 보통 한번 돈을 지불해버리면 흠집이 났거나 더럽더라도 구입한 고객의 책임이 되어버립니다. 사기 전에 물건을 잘 확인합시다. 교환을 원할 경우 영수증이 있어야 하므로 없애지 않도록 합니다. 환불은 특별한 경우가 아니면 어려운 것이 한국과 마찬가지입니다.

(물건의 하자를 지적할 때) ＿＿＿＿＿＿＿＿＿ .

It's ＿＿＿＿＿＿＿＿＿ .

これは ＿＿＿＿＿＿＿＿＿ 。

고레와

☐	더럽습니다	dirty	汚れています	요고레떼 이마스
☐	망가졌습니다	broken	壊れています	고와레떼 이마스
☐	찢어졌습니다	ripped	破れています	야부레떼 이마스
☐	금이 갔습니다	cracked	ひびが入っています	히비가 잇떼 이마스

Q : 여기에 흠집이 있습니다.
It's damaged here.
ここに傷があります。
고꼬니 기즈가 아리마스

A : 어디 보여 주십시오.
Show me.
見せてください。
미세떼 구다사이

구입한 물건을 교환할 때

🛒 **여기에 얼룩이 있습니다.**
I found a stain here.

ここにシミが付いています。
고꼬니 시미가 쓰이떼 이마스

🛒 **새것으로 바꿔드리겠습니다.**
I'll get you a new one.

新しいものとお取り替えします。
아따라시- 모노또 오또리까에 시마스

🛒 **구입 시에 망가져 있었습니까?**
Was it broken when you bought it?

ご購入時に壊れていましたか。
고코-뉴- 도끼니 고와레떼 이마시다까

🛒 **샀을 때는 몰랐습니다.**
I didn't notice it when I bought it.

買ったときには気がつきませんでした。
갓따 토끼니와 키가 쓰끼마센데시다

🛒 **사이즈가 안 맞았어요.**
This size doesn't fit me.

サイズが合いませんでした。
사이즈가 아이마센데시다

🛒 **다른 것으로 바꿔 주시겠어요?**
Can I exchange it for another one?

別の物と取り替えていただけますか。
베쯔노모노또 도리까에떼 이따다께마스까

🛍 **어디로 가면 됩니까?**
Where should I go?

どこに行けばいいのですか。
도꼬니 이께바 이-노데스까

🛍 **반품하고 싶은데요.**
I'd like to return this.

返品したいのですが。
헨삔시따이노데스가

🛍 **전혀 쓰지 않았습니다.**
I haven't used it at all.

まだ使っていません。
마다 쓰깟떼 이마셍

🛍 **가짜가 하나 섞여 있었습니다.**
I found a fake included.

偽物が一つ混ざっていました。
니세모노가 히또쯔 마잣떼 이마시다

🛍 **영수증은 여기 있습니다.**
Here is a receipt.

領収書はこれです。
료-슈-쇼와 고레데스

🛍 **어제 샀습니다.**
I bought it yesterday.

昨日買いました。
기노- 가이마시다

🗣 **환불해 주시겠어요?**
Can I have a refund?
返金_{へんきん}してもらえますか。
헹낀시떼 모라에마스까

🗣 **산 물건하고 다릅니다.**
This is different from what I bought.
買_かったものと違_{ちが}います。
갓따 모노또 치가이마스

🗣 **구입한 게 아직 배달되지 않았습니다.**
I haven't got what I bought yet.
買_かったものがまだ届_{とど}きません。
갓따 모노가 마다 도도끼마셍

🗣 **대금은 이미 지불했습니다.**
I already paid.
代金_{だいきん}はもう払_{はら}いました。
다이낑와 모- 하라이마시다

🗣 **수리해 주시든지 환불해 주시겠어요?**
Could you fix it or give me a refund?
修理_{しゅうり}するか、お金_{かね}を返_{かえ}していただけますか。
슈-리스루까, 오까네오 가에시떼 이따다께마스까

🗣 **계산이 틀린 것 같습니다.**
I think your calculation is wrong.
勘定_{かんじょう}が間違_{まちが}っているようです。
간죠-가 마찌갓떼 이루 요-데스

치수와 색상	
사이즈	サイズ 사이즈
크다	大(おお)きい 오-끼-
작다	小(ちい)さい 치-사이
길다	長(なが)い 나가이
짧다	短(みじか)い 미지까이
헐겁다	ゆるい 유루이
꽉 끼다	きつい 기쯔이
좁다	狭(せま)い 세마이
넓다	広(ひろ)い 히로이
두텁다	厚(あつ)い 아쯔이
얇다	薄(うす)い 우스이
무겁다	重(おも)い 오모이
가볍다	軽(かる)い 가루이
둥글다	丸(まる)い 마루이
네모나다	四角(しかく)い 시까꾸이
색깔	色(いろ) 이로
검다	黒(くろ)い 구로이
하얗다	白(しろ)い 시로이
노랗다	黄色(きいろ)い 기-로이
빨갛다	赤(あか)い 아까이
파랗다	青(あお)い 아오이
녹색	緑色(みどりいろ) 미도리이로
갈색	茶色(ちゃいろ) 챠이로
회색	灰色(はいいろ) 하이이로
보라색	紫色(むらさきいろ) 무라사끼이로
밝은색	明(あか)るい色(いろ) 아까루이이로
수수한	地味(じみ)な 지미나
화려한	派手(はで)な 하데나

8

방문·전화·우편

통신·은행에 관한 정보

☀ 로밍

국내에서 쓰던 휴대폰을 해외에서도 사용 가능하게 해 주는 서비스이다. 요새는 스마트폰이 대중화되고 로밍도 예전보다 쉬워지면서 해외에 나갈 때도 본인의 스마트폰을 로밍해서 그대로 가져가서 이용하고 전화도 자유롭게 쓰는 경우가 많아졌다. 보통은 타 국가의 이동통신회사의 통신망을 대여해서 이용한다. 예전에는 로밍폰을 따로 대여해야 했으나 현재는 이용하는 폰에서 자동으로 로밍이 된다. 다만 요금이 매우 비싸므로, 로밍 데이터 무제한 요금제를 사용하거나, LTE 라우터를 임대하여 쓰거나, 데이터 로밍을 차단하고 와이파이에서만 인터넷을 이용하는 등의 방법을 사용하는 것이 좋다. 또한 로밍은 발신전화뿐 아니라 수신전화도 요금이 부과되므로 이 점을 반드시 유의하여야 한다.

☀ 한국으로 전화 걸기

일본에서 한국으로 전화할 때는 〈001+82+2(0을 뺀 지역번호)+전화번호〉를 누르면 된다. 예를 들어 서울의 02)750-1234번으로 걸 경우는 「001-82-2-750-1234」을 누르면 된다. 국제전화는 할인요금시간대를 이용하여 호텔의 객실전화보다 저렴한 공중전화로 걸도록 한다.

☀ 전압

일본의 전압은 110V이므로 헤어드라이기를 가지고 갈 경우 이에 맞춰 가져가야 하며, 콘센트의 모양도 일자형이 대부분이므로 따로 준비해가는 것이 좋다. 주파수는 도쿄를 포함한 동부 일본은 50Hz, 나고야, 교토, 오사카를 포함하는 서부 일본은 60Hz를 사용한다.

✹ 화폐

일본의 화폐단위는 ¥(엔)으로서 일반적으로 시중에서 사용되고 있는 화폐의 종류는 경화가 1, 5, 10, 50, 100, 500¥(엔)의 여섯 가지이며, 지폐는 1000, 2000, 5000, 10000¥(엔) 네 가지이다.

✹ 은행

우리나라에서 은행을 이용해 본 경험이 있는 사람이라면 일본에서 은행을 이용하는 데는 별 어려움이 없고 통장을 개설할 때는 외국인 등록증이나 여권을 지참해야 한다. 자유롭게 입출금할 수 있는 보통 예금통장을 만드는 것이 편리하다. 업무시간은 우리나라보다 훨씬 짧기 때문에 주의해야 한다. 월요일부터 금요일까지 오전 9시부터 오후 3시까지이고 현금카드기가 있으면 평일은 오후 7시까지, 주말은 오후 5시까지 돈을 인출할 수 있다.

✹ 우편

국제 우편물은 보통 1주일 이내에 도착하며, 급한 경우 EMS, DHL 등의 특급우편을 사용하면 된다. 한국으로 엽서나 편지를 보낼 때는 반드시 SOUTH KOREA라고 써야 한다.

✹ 코인락커

어느 역이나 코인락커(물품보관함. 일본에서는 '코인록카'라 부른다)가 있다. 여행의 시작과 끝이 역이므로 무거운 짐은 여기에 보관해 두었다가 다시 찾아가면 된다. 이용 요금은 크기에 따라서 500~700엔 정도이며 두 사람 이상이 공동 사용하는 것이 경제적이다. 이때 주의할 것은 열쇠는 잃어버리지 않도록 하며, 넓은 장소에서는 나중에 다시 찾을 때 헷갈리지 않도록 위치를 잘 확인하도록 한다.

UNIT 01

방문할 때

집을 방문할 때는 ごめんください라고 상대를 부른 다음 집주인이 나올 때까지 현관에서 기다립니다. 주인이 どちらさまですか라면서 나오면, こんにちは, 今日はお招きくださってありがとうございます, お世話になります 등의 인사말을 하고 상대의 안내에 따라 집안으로 들어섭니다.

(초대에 대한 감사) _____ 고맙습니다.

Thanks for _____ .

_____ ありがとうございます。
아리가토– 고자이마스

☐ 모든 게   everything   いろいろと   이로이로또

☐ 환대해 줘서   your wonderful hospitality   手厚い もてなし   데아쯔이 모떼나시

☐ 초대해 줘서   inviting me   お招き   오마네끼

Q : 초대해 주셔서 고맙습니다.
Thanks for inviting me over.

お招きありがとうございます。
오마네끼 아리가토– 고자이마스

A : 잘 오셨습니다.
I'm so glad you could make it.

ようこそおいでくださいました。
요–꼬소 오이데 구다사이마시다

함께 식사하기를 권유할 때

📣 **함께 점심 식사나 하시겠어요?**
How about having lunch with me?
一緒に昼食でもいかがですか。
잇쇼니 츄-쇼꾸데모 이까가데스까

📣 **오늘 밤에 저와 저녁 식사하시겠어요?**
Why don't you have dinner with me tonight?
今晩、私と夕食でもいかがですか。
곰방, 와따시또 유-쇼꾸데모 이까가데스까

📣 **제가 대접하겠습니다.**
Let me treat you to dinner.
私がおごります。
와따시가 오고리마스

📣 **한잔 어떻습니까?**
How about a drink?
一杯、いかがですか。
입빠이, 이까가데스까

📣 **언제 시간이 있습니까?**
When do you have free time?
いつお暇ですか。
이쯔 오히마데스까

📣 **당신이 와 주셨으면 합니다.**
I'd like to have you come over.
あなたに来てほしいです。
아나따니 기떼 호시이데스

방문
전화
우편

방문할 때

🔖 **몇 시가 좋습니까?**
What's a good time for you?
何時がよろしいでしょうか。
난지가 요로시－데쇼－까

🔖 **어느 때라도 좋아요.**
It's fine anytime.
いつでもいいですよ。
이쯔데모 이－데스요

🔖 **고맙습니다. 기꺼이 그러죠.**
Thank you. I'd like to.
ありがとう。喜んで。
아리가또－　요로꼰데

🔖 **꼭 가고 싶습니다.**
I'll make sure to be there.
必ず行きたいです。
가나라즈 이끼따이데스

🔖 **가고 싶지만, 시간이 없습니다.**
I want to come, but I have no time.
行きたいですが、時間がありません。
이끼따이데스가,　지깡가 아리마셍

🔖 **죄송하지만, 선약이 있습니다.**
Sorry, but I have a previous engagement.
すみませんが、先約があります。
스미마셍가,　셍야꾸가 아리마스

316

🔊 **와 주셔서 감사합니다.**
Thank you for coming.
来ていただいてありがとうございます。
기떼 이따다이떼 아리가또- 고자이마스

🔊 **약소합니다.**
This is for you.
つまらないものですが。
쓰마라나이 모노데스가

🔊 **요리를 잘하시는군요!**
You're a great cook!
料理がお上手なんですね!
료-리가 오죠-즈난데스네

🔊 **이제 많이 먹었습니다.**
I'm really full.
もう十分にいただきました。
모- 쥬-분니 이따다끼마시다

🔊 **화장실 좀 갈 수 있을까요?**
May I use the rest room?
トイレをお借りできますか。
토이레오 오까리 데끼마스까

🔊 **이만 가보겠습니다.**
I must be going now.
そろそろ失礼します。
소로소로 시쯔레- 시마스

UNIT
02

전화를 이용할 때

전화를 걸 때는 반드시 もしもし, キムですが, 田中さんをお願いします라
고 먼저 자신의 신분을 밝히고 전화통화를 할 상대를 부탁합니다. 전화를 받
을 때는 우선 もしもし, ○○でございます라고 자신의 이름이나 회사의 이
름 등을 밝혀 상대가 확인하는 수고를 덜어주는 것도 좋습니다.

여보세요.	_____	입니까?
Hello. Is this	_____	?
もしもし。	_____	ですか。
모시모시		데스까

☐ ○○호텔	○○Hotel	○○ホテル	○○호떼루
☐ 다나카 씨	Mr. Tanaka	田中さん	다나까상
☐ ○○회사	○○Company	○○会社	○○가이샤
☐ 기무라 씨 댁	Kimura's	木村さんのお宅	기무라산노 오따꾸

Q : 공중전화 카드는 어디서 사나요?
Where can I get a calling card?

テレフォンカードはどこで買えますか。
테레훤카-도와 도꼬데 가에마스까

A : 여기서도 팝니다.
We sell them here.

こちらで取り扱っております。
고찌라데 도리아쯔깟떼 오리마스

📞 **이 근처에 공중전화는 있습니까?**
Is there a pay phone around here?
このあたりに公衆電話はありますか。
고노 아따리니 코-슈 뎅와와 아리마스까

📞 **이 전화로 시외전화를 할 수 있나요?**
Can I make a long-distance call from this phone?
この電話で長距離電話はかけられますか。
고노 뎅와데 쵸-쿄리 뎅와와 가께라레마스까

📞 **이 전화로 한국에 걸 수 있나요?**
Can I make a call to Korea on this phone?
この電話で韓国にかけられますか。
고노 뎅와데 캉꼬꾸니 가께라레마스까

📞 **먼저 동전을 넣으십시오.**
You put the coins in first.
まず先にコインを入れてください。
마즈 사끼니 코잉오 이레떼 구다사이

📞 **얼마 넣습니까?**
How much do I put in?
いくら入れるんですか。
이꾸라 이레룬데스까

📞 **전화카드를 주세요.**
Can I have a telephone card?
テレホンカードをください。
테레홍카-도오 구다사이

🔊 **한국으로 전화를 하려면 어떻게 하면 됩니까?**
What should I do to call Korea?
韓国に電話するにはどうしたらいいですか。
캉꼬꾸니 뎅와스루니와 도-시따라 이-데스까

🔊 **한국으로 컬렉트콜로 걸고 싶은데요.**
I need to make a collect call to Korea.
韓国にコレクトコールをかけたいのですが。
캉꼬꾸니 코레꾸또코-루오 가께따이노데스가

🔊 **오사카의 시외번호는 몇 번입니까?**
What's the area code for Osaka?
大阪の市外局番は何番ですか。
오-사까노 시가이교꾸방와 난반데스까

🔊 **한국으로 국제전화를 부탁합니다.**
I'd like to make a call to Korea, please.
韓国に国際電話をお願いします。
캉꼬꾸니 고꾸사이뎅와오 오네가이시마스

🔊 **내선 28번으로 돌려주세요.**
Extension 28(twenty-eight), please.
内線28に回してください。
나이셴 니쥬하찌니 마와시떼 구다사이

🔊 **여보세요, 스위스그랜드 호텔이지요?**
Hello, is this the Swiss Grand Hotel?
もしもし、そちらはスイス・グランドホテルですか。
모시모시, 소찌라와 스이스 그란도 호떼루데스까

🛎 기무라 씨를 부탁합니다.
May I speak to Mr. Kimura?
木村さんをお願いします。
기무라상오 오네가이시마스

🛎 여보세요, 기무라 씨입니까?
Hello. Is this Mr. Kimura?
もしもし、木村さんですか。
모시모시, 기무라산데스까

전화를 받을 때

🛎 잠시 기다려 주시겠습니까?
Would you like to hold?
このままお待ちになりますか。
고노마마 오마찌니나리마스까

🛎 전언을 부탁할 수 있습니까?
Would you take a message?
伝言をお願いできますか。
뎅공오 오네가이 데끼마스까

🛎 좀 더 천천히 말씀해 주십시오.
Could you speak a little slower?
もっとゆっくり話してください。
못또 육꾸리 하나시떼 구다사이

🛎 전화 고마웠습니다.
Thank you for your call.
お電話ありがとうございました。
오뎅와 아리가또— 고자이마시다

UNIT

03 우편을 이용할 때

우체국이나 은행에서 원하는 창구를 모를 때는 …窓口はどこですか라고 물으면 됩니다. 일본 郵便局의 로고는 〒이며, 은행에서 구좌를 개설할 때는 キャッシュカード도 만들어두면 편리합니다. 은행 상구 이외도 캐시코너가 있어서 현금 입출금과 송금을 거의 여기에서 해결할 수 있습니다.

_____ (으)로 부탁합니다.

_____ , please.

_____ でお願いします。
데 오네가이 시마스

□	항공편	By air mail	航空便	고-꾸-빈
□	선편	By sea mail	船便	후나빈
□	속달	Express mail	速達	소꾸따쯔
□	등기	Registered mail	書留	가끼또메

Q : 우체통은 어디에 있습니까?
Where's the mailbox?

ポストはどこですか。
포스또와 도꼬데스까

A : 로비에 있습니다.
There's one in the lobby.

ロビーにあります。
로비-니 아리마스

📧 **가장 가까운 우체국은 어디에 있습니까?**
Where is the nearest post office?
最寄りの郵便局はどこですか。
모요리노 유－빙꾜꾸와 도꼬데스까

📧 **우표는 어디서 삽니까?**
Where can I buy stamps?
切手はどこで買えますか。
깃떼와 도꼬데 가에마스까

📧 **우체통은 어디에 있나요?**
Where is the mailbox?

ポストはどこにありますか。
포스또와 도꼬니 아리마스까

📧 **우체국은 몇 시에 닫습니까?**
What time does the post office close?
郵便局は何時に閉まりますか。
유－빙꾜꾸와 난지니 시마리마스까

📧 **이걸 한국으로 부치고 싶습니다.**
I'd like to send this to Korea.
これを韓国に出したいのです。
고레오 캉꼬꾸니 다시따이노데스

📧 **기념우표를 주세요.**
Can I have commemorative stamps?
記念切手をください。
기넹킷떼오 구다사이

편지를 보낼 때

📭 **이걸 한국으로 보내려면 얼마나 듭니까?**
How much would it cost to send this to Korea?
これを韓国に送るにはいくらかかりますか。
고레오 캉꼬꾸니 오꾸루니와 이꾸라 가까리마스까

📭 **속달(등기)로 보내 주세요.**
Express(Registered) mail, please.
速達(書留)にしてください。
소꾸따쯔(가끼또메)니 시떼 구다사이

📭 **이 우편 요금은 얼마입니까?**
How much is the postage for this?
この郵便料金はいくらですか。
고노 유−빈료−낑와 이꾸라데스까

📭 **한국에는 언제쯤 도착합니까?**
How long will it take to get to Korea?
韓国にはいつごろ着きますか。
캉꼬꾸니와 이쯔고로 쓰끼마스까

📭 **항공편(선편)으로 부탁합니다.**
By air mail(sea mail), please.
航空便(船便)でお願いします。
코−꾸−빈(후나빈)데 오네가이시마스

📭 **이거 우편요금이 얼마예요?**
How much is the postage for this?
この郵便料金はいくらですか。
고노 유−빈료−낑와 이꾸라데스까

소포를 보낼 때

📭 **이 소포를 한국으로 보내고 싶습니다.**

I'd like to send this parcel to Korea.

この<ruby>小包<rt>こづつみ</rt></ruby>を<ruby>韓国<rt>かんこく</rt></ruby>に<ruby>送<rt>おく</rt></ruby>りたいのです。

고노 고즈쓰미오 캉꼬꾸니 오꾸리따이노데스

📭 **내용물은 무엇입니까?**

What's inside?

<ruby>中身<rt>なかみ</rt></ruby>は<ruby>何<rt>なん</rt></ruby>ですか。

나까미와 난데스까

📭 **개인적으로 사용하는 것입니다.**

My personal items.

<ruby>私<rt>わたし</rt></ruby><ruby>個人<rt>こじん</rt></ruby>で<ruby>使<rt>つか</rt></ruby>うものです。

와따시 고진데 쓰까우 모노데스

📭 **선편이라면 며칠 정도면 한국에 도착합니까?**

How long will it take by sea mail to Korea?

<ruby>船便<rt>ふなびん</rt></ruby>だと<ruby>何日<rt>なんにち</rt></ruby>くらいで<ruby>韓国<rt>かんこく</rt></ruby>に<ruby>届<rt>とど</rt></ruby>きますか。

후나빈다또 난니찌 쿠라이데 캉꼬꾸니 도도끼마스까

📭 **깨지기 쉬운 것이 들어 있습니다.**

This is fragile.

<ruby>割<rt>わ</rt></ruby>れ<ruby>物<rt>もの</rt></ruby>が<ruby>入<rt>はい</rt></ruby>っています。

와레모노가 하잇떼 이마스

📭 **소포를 보험에 들겠어요.**

I'd like to have this parcel insured.

<ruby>小包<rt>こづつみ</rt></ruby>に<ruby>保険<rt>ほけん</rt></ruby>をかけます。

고즈쓰미니 호껭오 가께마스

전화·우편에 관련된 말

전화	電話(でんわ) 뎅와
공중전화	公衆電話(こうしゅうでんわ) 고-슈-뎅와
국제전화	国際電話(こくさいでんわ) 고꾸사이뎅와
전화번호	電話番号(でんわばんごう) 뎅와방고-
전화부스	電話(でんわ)ボックス 뎅와복꾸스
휴대전화	携帯電話(けいたいでんわ) 케-따이뎅와
전화번호부	電話帳(でんわちょう) 뎅와쬬-
수화기	受話器(じゅわき) 쥬와끼
전화카드	電話(でんわ)カード 뎅와카-도
내선	内線(ないせん) 나이셍
컬렉트콜	コレクトコール 코레꾸또코-루
지명통화	指名通話(しめいつうわ) 시메-쓰-와
시내통화	市内通話(しないつうわ) 시나이쓰-와
시외통화	市外通話(しがいつうわ) 시가이쓰-와
교환수	交換手(こうかんしゅ) 코-깐슈
자동응답전화	留守番電話(るすばんでんわ) 루스방뎅와
전화를 걸다	電話(でんわ)をかける 뎅와오 가께루
전화를 받다	電話(でんわ)をうける 뎅와오 우께루
우체국	郵便局(ゆうびんきょく) 유-빙쿄꾸
편지	手紙(てがみ) 데가미
봉투	封筒(ふうとう) 후-또-
편지지	便(びん)せん 빈셍
엽서	ハガキ 하가끼
주소	住所(じゅうしょ) 쥬-쇼
우체통	ポスト 포스또
등기	書留(かきとめ) 가끼또메
항공편	航空便(こうくうびん) 코-꾸-빙
선편	船便(ふなびん) 후나빙
전보	電報(でんぽう) 뎀뽀-
취급주의	取扱注意(とりあつかいちゅうい) 도리아쓰까이쮸-이

PART

9

트러블

여행트러블에 관한 정보

◉ 항공권을 분실한 경우

일반적으로 항공권을 분실하면 해당 항공사의 지점이나 카운터에 항공권 번호를 알려주어야 한다. 번호를 모를 경우에는 구입 장소와 연락처를 정확히 알린다. 이렇게 해서 새로운 항공권을 발급받은 경우 승객은 현지에서 서비스 요금으로 30달러 정도를 부담해야 한다.

하지만 이런 과정은 다소 시간이 걸린다. 항공사의 해외 지점에 항공권 구입 여부를 확인하는 팩스를 보낸다거나 전문을 띄우는 등 국내의 경우보다 더욱 복잡하고 시간도 더 걸린다. 그러므로 당장 내일 떠나야 한다든지 하는 급박한 경우에는 큰 곤란을 겪게 되므로 항공권을 분실하지 않도록 각별한 주의를 기울인다.

◉ 여권을 잃어버렸을 경우

1. 가까운 경찰서에 가서 여권 분실 신고를 하고 여권 분실 확인서를 발급받는다.
2. 현지 공관으로 가서 여권 분실 확인서를 제출하고 단수여권이나 여행 증명서를 발급받는다. 이때 여권용 사진을 2장 제출해야 하므로 여행 시 만약의 사태를 대비해 여분의 사진을 준비하도록 한다.
3. 제3국으로의 여행이 예정되어 있다면 단수여권이나 여행 증명서로 입국할 수 있는지 등을 미리 알아본 후에 일정을 진행하도록 한다.
4. 입국 증명이 되지 않으면 출국할 수 없는 경우도 간혹 있으니 될 수 있으면 입국 증명서나 그에 준하는 확인서류를 준비하도록 한다.
5. 이 모든 과정에 여권 사본이 있으면 처리가 훨씬 쉬우니 여행 전에 반드시 여권 사본을 준비하도록 한다.

◉ 짐을 잃어버렸을 경우

여행 도중에 짐을 잃어버렸다면 거의 대부분은 찾지 못한다. 그러므로 항상 주의를 기울이는 방법밖에 없다. 하지만 비행기에서 출발하면서 짐을 부쳤는데 찾지 못한 경우는 보상받을 수 있다.

해외여행 도중에 짐이 분실되었거나 문제가 발생했을 때에는 즉시 해당 항공사에 연락을 취한다. 항공사에서 발행한 보관증(Claim Tag)을 근거로 물건을 찾거나 찾지 못할 경우 보관증을 제시하며 보상을 요구하면 된다. 항공사에 맡긴 물건이 지연되어 도착하는 경우에는 경제적인 손실을 대비하여 하루 50달러 정도의 일용품비가 지급된다.

여행 도중 귀중품이나 현금을 잃어버리지 않으려면 여권, 여행자수표, 신용카드, 항공권은 재발급이 가능하지만 시간이 오래 걸리므로 잃어버리면 여행은 끝이라고 생각하는 것이 좋다. 그러므로 귀중품을 잃어버리지 않으려면 안전하게 보관해야 한다. 가장 안전하게 보관하는 방법은 호텔의 금고나 객실에 있는 금고를 이용하는 것이다.

☀ 여행자수표를 잃어버렸을 경우

여행자수표는 분실하면 분실증명서가 있는 경우 2, 3일 내에 재발급이 가능하다. 재발급 수속은 수표를 발행한 은행의 현지 지점으로 가는 것이 가장 빠르다. 지점이 없으면 계약 은행으로 가야 한다.

이때 필요한 서류는 여권, 경찰서에서 발급받은 분실증명서, 여행자수표 발행증명서(여행자 수표를 살 때 은행에서 함께 준다), 잃어버린 여행자 수표의 번호다.

☀ 긴급전화

비상시 경찰에 구조를 요청하려면 공중전화기의 붉은 버튼을 누르고 110번, 화재신고나 구급차 호출은 119번을 누른다.

☀ 아플 때

패키지 관광인 경우는 우선 주관 여행사의 현지 담당자에게 알린다. 호텔 안에서의 사고는 프런트에 의뢰를 하여 의사를 부르거나 병원에 가도록 한다. 그리고 공항이나 역일 경우에는 여행자 구호소의 도움을 받는다. 또한, 일본은 간단한 약을 사는 데도 의사의 처방이 있어야 할 경우가 많으므로 상비약을 준비하여 가도록 하며, 지병이 있는 경우에는 한국 의사의 소견서를 가지고 가는 게 좋다.

UNIT

말이 통하지 않을 때

익숙하지 않는 일본어로 말하고 있으면, 상대가 하는 말을 알아듣지 못하는 경우가 많습니다. 그 자리의 분위기나 상대에게 신경을 쓴 나머지 자신도 모르게 그만 웃으며 승낙을 하는 경우가 있으므로 결코 알았다는 행동을 취하지 말고 적극적으로 물읍시다. 이야기의 내용을 모를 때는 わかりません(모르겠습니다)라고 분명히 말합시다.

나는 _____ 를 모릅니다.

I can't speak _____ .

私_{わたし}は _____ 話_{はな}せません。

와따시와 _____ 하나세마셍

□	일본어	Japanese	日本語	니홍고
□	영어	English	英語	에―고
□	한국어	Korean	韓国語	캉꼬꾸고
□	중국어	Chinese	中国語	츄―고꾸고

Q : 일본어를 할 줄 모릅니다.

I can't speak Japanese.

日本語_{に ほん ご}は話_{はな}せません。

니홍고와 하나세마셍

A : 그거 난처하군요.

That might be a problem.

それは困_{こま}りましたね。

소레와 고마리마시다네

📖 일본어를 할 줄 압니까?
Do you speak Japanese?
日本語は話せますか。
니홍고와 하나세마스까

📖 일본어는 할 줄 모릅니다.
I can't speak Japanese.
日本語は話せません。
니홍고와 하나세마셍

📖 일본어는 잘 못합니다.
My Japanese isn't very good.
日本語は上手ではありません。
니홍고와 죠-즈데와 아리마셍

📖 일본어는 압니까?
Do you understand Japanese?
日本語はわかりますか。
니홍고와 와까리마스까

📖 영어를 하는 사람은 있습니까?
Does anyone speak English?
英語を話せる人はいますか。
에-고오 하나세루 히또와 이마스까

📖 일본어로는 설명할 수 없습니다.
I can't explain it in Japanese.
日本語では説明できません。
니홍고데와 세쯔메- 데끼마셍

말이 통하지 않을 때

트러블

331

📖 통역을 부탁하고 싶은데요.
I need an interpreter.
通訳をお願いしたいのですが。
쓰-야꾸오 오네가이 시따이노데스가

📖 어느 나라 말을 하십니까?
What language do you speak?
何語をお話になりますか。
나니고오 오하나시니 나리마스까

📖 한국어를 하는 사람은 있습니까?
Does anyone speak Korean?
韓国語の話せる人はいますか。
캉꼬꾸고고노 하나세루 히또와 이마스까

📖 한국어로 쓰인 것은 있습니까?
Do you have any information in Korean?
韓国語で書かれたものはありますか。
캉꼬꾸고데 가까레따 모노와 아리마스까

📖 한국어판은 있습니까?
Do you have one in Korean?
韓国語版はありますか。
캉꼬꾸고항와 아리마스까

📖 한국어 신문은 있습니까?
Do you have any Korean newspapers?
韓国語の新聞はありますか。
캉꼬꾸고노 심붕와 아리마스까

일본어를 못 알아들을 때

📢 **천천히 말씀해 주시면 알겠습니다.**
I'll understand if you speak slowly.

ゆっくり話していただければわかります。

육꾸리 하나시떼 이따다께레바 와까리마스

📢 **좀 더 천천히 말씀해 주세요.**
Speak more slowly, please.

もっとゆっくり話してください。

못또 육꾸리 하나시떼 구다사이

📢 **당신이 말하는 것을 모르겠습니다.**
I can't understand you.

あなたの言っていることがわかりません。

아나따노 잇떼이루 고또가 와까리마셍

📢 **그건 무슨 뜻입니까?**
What do you mean by that?

それはどういう意味ですか。

소레와 도-이우 이미데스까

📢 **써 주세요.**
Write it down, please.

書いてください。

가이떼 구다사이

📢 **여기서는 아무도 한국어를 못합니다.**
No one here speaks Korean, sir.

ここでは誰も韓国語を話せません。

고꼬데와 다레모 캉꼬꾸고오 하나세마셍

UNIT

02

난처할 때

여행지에서 난처한 일이 발생했을 때 도움을 구하는 필수 표현은 助けて!입니다. 하지만 순식간에 난처한 일이 발생했을 때는 입이 얼어 아무 말도 나오지 않는 법입니다. 트러블은 가급적 피하는 게 좋겠지만, 그렇지 못할 때를 대비해서 상대를 제지할 수 있는 최소한의 표현은 반드시 기억해둡시다.

_____ 은(는) 어디에 있나요?

Where's the _____ ?

_____ はどこですか。

와 도꼬데스까

☐ 화장실	rest room	トイレ	토이레
☐ 병원	hospital	病院	뵤―잉
☐ 약국	drugstore	薬屋	구스리야
☐ 경찰서	police station	警察署	게―사쯔쇼

Q : 어떻게 하면 좋을까요?
What should I do?

どうしたらいいでしょうか。
도―시따라 이―데쇼―까

A : 도와드리겠습니다.
Well, let me help you.

力になりますよ。
치까라니 나리마스요

🗣 **문제가 생겼습니다.**
I have a problem.
困っています。
고맛떼 이마스

🗣 **지금 무척 난처합니다.**
I'm in big trouble now.
今大変困っているんです。
이마 다이헹 고맛떼 이룬데스

🗣 **무슨 좋은 방법은 없을까요?**
Do you have any suggestions?
何かいい方法はないですか。
낭까 이- 호-호-와 나이데스까

🗣 **어떻게 하면 좋을까요?**
What should I do?
どうしたらいいでしょうか。
도- 시따라 이-데쇼-까

🗣 **화장실은 어디죠?**
Where's the rest room?
トイレはどこでしょうか。
토이레와 도꼬데쇼-까

🗣 **어떻게 해 주십시오.**
Do something about this.
何とかしてください。
난또까 시떼 구다사이

🛎 **무엇을 원하세요?**
What do you want?

何が欲しいんですか。

나니가 호시인데스까

🛎 **알겠습니다. 다치게만 하지 마세요.**
Okay. Don't hurt me.

わかりました。怪我はさせないでください。

와까리마시다 게가와 사세나이데 구다사이

🛎 **시키는 대로 할게요.**
Whatever you say.

言うとおりにします。

이우 토-리니 시마스

🛎 **뭐야?**
Who are you?

何者だ。

나니모노다

🛎 **가진 돈이 없어요!**
I don't have any money.

お金は持っていません!

오까네와 못떼 이마셍

🛎 **잠깐! 뭘 하는 겁니까?**
Hey! What are you doing?

ちょっと! 何してるんですか。

촛또!　　　　나니 시떼룬데스까

🛄 **그만두세요.**
Stop it!

やめてください。
야메떼 구다사이

🛄 **만지지 마세요!**
Don't touch me!

触らないで!
사와라나이데

🛄 **저리 가!**
Leave me alone!

あっちへ行け!
앗찌에 이께

🛄 **가까이 오지 마세요!**
Stay away from me!

近づかないで!
치까즈까나이데

🛄 **경찰을 부르겠다!**
I'll call the police!

警察を呼ぶぞ!
게-사쯔오 요부조

🛄 **도와줘요!**
Help!

助けて!
다스께떼

UNIT
03 분실·도난을 당했을 때

여권이나 귀중품을 분실하거나 도난을 당했다면 먼저 호텔의 경비담당이나 경찰에 신고를 하고 도난증명서를 발급받습니다. 이것은 재발행이나 보험을 청구할 때 필요하기 때문입니다. 여권의 발행 연월일, 번호, 발행지 등은 수첩(이 책의 마지막 장)에 메모를 해두고 예비사진 2장도 준비해두는 것이 만약의 경우에 도움이 됩니다.

| 내 _____ 을(를) 도난당했습니다. |
| My _____ was stolen. |
| 私の _____ を盗まれました。 |
| 와따시노 _____ 오 누스마레마시다 |

- □ 여권　　　　passport　　　パスポート　　　파스뽀-또
- □ 신용카드　　credit card　　クレジットカード　쿠레짓또카-도
- □ 여행자수표　traveler's check　トラベラーズチェック　토라베라-즈첵꾸
- □ 지갑　　　　wallet　　　　財布　　　　　사이후

Q : 버스에 물건을 놓고 내렸습니다.
I left something on the bus.
バスに忘れました。
바스니 와스레마시다

A : 어떤 물건입니까?
What is it?
どんな物ですか。
돈나 모노데스까

분실했을 때

🗨 **분실물 취급소는 어디에 있습니까?**
Where is the lost and found?
遺失物係はどこですか。
이시쯔부쯔가까리와 도꼬데스까

🗨 **무엇을 잃어버렸습니까?**
What did you lose?
何をなくされたのですか。
나니오 나꾸사레따노데스까

🗨 **여권을 잃어버렸습니다.**
I lost my passport.
パスポートをなくしました。
파스뽀ー또오 나꾸시마시다

🗨 **열차 안에 지갑을 두고 내렸습니다.**
I left my wallet on the train.
列車内に財布を忘れました。
렛샤나이니 사이후오 와스레마시다

🗨 **여기서 카메라 못 보셨어요?**
Did you see a camera here?
ここでカメラを見ませんでしたか。
고꼬데 카메라오 미마센데시다까

🗨 **어디서 잃어버렸는지 기억이 안 납니다.**
I'm not sure where I lost it.
どこでなくしたか覚えていません。
도꼬데 나꾸시따까 오보에떼 이마셍

🔊 **멈춰! 도둑이야!**
Stop! Thief!
待て! どろぼう!
맛떼 도로보-

🔊 **내놔!**
Give it back to me!
返してくれ!
가에시떼 구레

🔊 **저놈이 내 가방을 뺏어 갔어요!**
He took my bag!
あいつが私のバッグを取ったんです!
아이쓰가 와따시노 박구오 돗딴데스

🔊 **지갑을 도둑맞았어요!**
I had my wallet stolen!
財布を盗まれました!
사이후오 누스마레마시다

🔊 **지갑을 소매치기당했어요!**
My wallet was taken by a pickpocket.
財布をすられました!
사이후오 스라레마시다

🔊 **방에 도둑이 들어왔습니다.**
A burglar broke into my room.
部屋に泥棒が入りました。
헤야니 도로보-가 하이리마시다

🗨 **경찰서는 어디에 있습니까?**
Where's the police station?
警察署はどこですか。
게—사쯔쇼와 도꼬데스까

🗨 **경찰에 신고해 주시겠어요?**
Will you report it to the police?
警察に届けてもらえますか。
게—사쯔니 도도께떼 모라에마스까

🗨 **누구에게 알리면 됩니까?**
Who should I inform?
誰に知らせればいいですか。
다레니 시라세레바 이—데스까

🗨 **얼굴은 봤나요?**
Did you see his face?
顔は見ましたか。
가오와 미마시다까

🗨 **경찰에 도난신고서를 내고 싶은데요.**
I'd like to report the theft to the police.
警察に盗難届を出したいのですが。
게—사쯔니 도—난토도께오 다시따이노데스가

🗨 **찾으면 한국으로 보내주시겠어요?**
Could you please send it to Korea when you find it?
見つかったら韓国に送ってくれませんか。
미쓰깟따라 캉꼬꾸니 오꿋떼 구레마셍까

분실・도난을 당했을 때

트러블

UNIT 04 사고를 당했을 때

사고가 일어나면 먼저 경찰에게 알립니다. 그리고 보험회사, 렌터카 회사에 연락을 취합니다. 당사자인 경우에는 먼저 **すみません**이라고 말하면 잘못을 인정하는 꼴이 되어버립니다. 만일을 위해 해외여행 상해보험은 반드시 들어 둡시다. 보험 청구를 위해서는 사고 증명서를 반드시 받아두어야 합니다.

Please call _____ 을(를) 불러 주세요.

_____ .

_____ を呼んでください。

오 욘데 구다사이

	경찰	the police	警察	게이사쯔
□	구급차	an ambulance	救急車	규-뀨-샤
□	의사	a doctor	医者	이샤
□	안내원	a guide	ガイドさん	가이도상

Q : 교통사고를 당했습니다.

I was in a car accident.

交通事故にあいました。

고-쓰-지꼬니 아이마시다

A : 어디서 말입니까?

Where did it happen?

どこでですか。

도꼬데데스까

교통사고를 당했을 때

📢 **큰일 났습니다.**
It's an emergency.
大変です。
다이헨데스

📢 **교통사고를 당했습니다.**
I was in a car accident.
交通事故にあいました。
고-쓰-지꼬니 아이마시다

📢 **친구가 차에 치었습니다.**
My friend was hit by a car.
友人が車にはねられました。
유-징가 구루마니 하네라레마시다

📢 **구급차를 불러 주세요.**
Please call an ambulance!
救急車を呼んでください。
규-뀨-샤오 욘데 구다사이

📢 **다친 사람이 있습니다.**
There is an injured person here.
ケガ人がいます。
게가닝가 이마스

📢 **저를 병원으로 데려가 주시겠어요?**
Could you take me to a hospital?
私を病院に連れて行ってください。
와따시오 뵤-인니 쓰레떼 잇떼 구다사이

🛄 사고를 냈습니다.

I've had an accident.

事故を起こしました。

지꼬오 오꼬시마시다

🛄 보험을 들었습니까?

Are you insured?

保険に入っていますか。

호껜니 하잇떼 이마스까

🛄 속도위반입니다.

You were speeding.

スピード違反です。

스피-도 이한데스

🛄 제한속도로 달렸는데요.

I was driving within the speed limit.

制限速度で走っていましたが。

세-겐소꾸도데 하싯떼 이마시다가

🛄 렌터카 회사로 연락해 주시겠어요?

Would you contact the car rental company?

レンタカー会社に連絡してください。

렌따카-가이샤니 렌라꾸시떼 구다사이

🛄 사고증명서를 써 주시겠어요?

Will I get a police report?

事故証明書を書いてもらえますか。

지꼬쇼-메이쇼오 가이떼 모라에마스까

📖 **도로표지판의 뜻을 몰랐습니다.**

I didn't know what that sign said.

道路標識の意味がわかりませんでした。

도-로효-시끼노 이미가 와까리마센데시다

📖 **제 책임이 아닙니다.**

I'm not responsible for it.

私に責任はありません。

와따시니 세끼닝와 아리마셍

📖 **상황이 잘 기억나지 않습니다.**

I don't remember what happened.

状況はよく覚えていません。

죠-꾜-와 요꾸 오보에떼 이마셍

📖 **신호를 무시했습니다.**

I ignored a signal.

信号無視をしてしまいました。

싱고-무시오 시떼 시마이마시다

📖 **저야말로 피해자입니다.**

I'm the victim.

私こそ被害者です。

와따시꼬소 히가이샤데스

📖 **여행을 계속해도 되겠습니까?**

Can I continue on my way?

旅行を続けてもいいですか。

료꼬-오 쓰즈께떼모 이-데스까

소매치기야!
スリだ!
스리다

도와줘요!
たすけて!
다스께떼

날치기다!
ひったくりだ!
힛따꾸리다

잡아라!
つかまえて!
쓰까마에떼!

빨리 경찰을 불러주세요!
急いで警察を呼んでください!
이소이데 게-사쯔오 욘데구다사이

UNIT
05

 # 몸이 아플 때

여행 중에 몸이 아프면 먼저 묵고 있는 호텔의 프런트에 연락을 취하고 호텔 닥터나 호텔의 지정 의사를 소개받습니다. 호텔 이외의 장소에서 몸이 아픈 경우에는 구급차를 부르게 되는데, 의료비도 비싸므로 출발 전에 해외여행 상해보험에 가입해둡시다. 보험 청구를 위해 치료비의 영수증은 받아두도록 합시다.

(통증을 말할 때) _____ 니다.

I have a _____ .

_____ です。
데스

☐	머리가 아픔	headache	頭が痛い	아따마가 이따이
☐	배가 아픔	stomachache	おなかが痛い	오나까가 이따이
☐	목이 아픔	sore throat	喉が痛い	노도가 이따이
☐	이가 아픔	toothache	歯が痛い	하가 이따이

Q : 어디가 아프십니까?
Where does it hurt?
どこが痛みますか。
도꼬가 이따미마스까

A : 여기가 아픕니다.
Right here.
ここです。
고꼬데스

🔊 **의사를 불러 주세요.**
Please call a doctor.
医者を呼んでください。
이샤오 욘데 구다사이

🔊 **의사에게 진찰을 받고 싶은데요.**
I'm here for a doctor's examination.
お医者さんに診ていただきたいのですが。
오이샤산니 미떼 이따다끼따이노데스가

🔊 **병원으로 데리고 가 주시겠어요?**
Could you take me to a hospital?
病院まで連れて行っていただけますか。
뵤―인마데 쓰레떼 잇떼 이따다께마스까

🔊 **진료 예약은 필요합니까?**
Do I need an appointment to see a doctor?
診療に予約は必要ですか。
신료―니 요야꾸와 히쯔요―데스까

🔊 **진료 예약을 하고 싶은데요.**
Can I make an appointment?
診療の予約を取りたいのですが。
신료―노 요야꾸오 도리따이노데스가

🔊 **한국어를 아는 의사는 있나요?**
Is there a Korean-speaking doctor?
韓国語の話せる医師はいますか。
캉꼬꾸고노 하나세루 이시와 이마스까

몸이 아플 때

트러블

🛎 **몸이 안 좋습니다.**
I don't feel well.
具合が悪いんです。
구아이가 와루인데스

🛎 **아이 상태가 이상합니다.**
Something's wrong with my child.
子供の様子が変なんです。
고도모노 요-스가 헨난데스

🛎 **현기증이 납니다.**
I feel dizzy.
目眩がします。
메마이가 시마스

🛎 **몸이 나른합니다.**
I feel weak.
体がだるいです。
가라다가 다루이데스

🛎 **식욕이 없습니다.**
I don't have an appetite.
食欲がないんです。
쇼꾸요꾸가 나인데스

🛎 **밤에 잠이 안 옵니다.**
I can't sleep at night.
夜眠れません。
요루 네무레마셍

증상을 설명할 때

🏥 **감기에 걸렸습니다.**
I have a cold.
風邪を引きました。
카제오 히끼마시다

🏥 **감기에 걸린 것 같습니다.**
I think I have a cold.
風邪を引いたようです。
카제오 히이따 요－데스

🏥 **설사가 심합니다.**
I have bad diarrhea.
下痢がひどいのです。
게리가 히도이노데스

🏥 **열이 있습니다.**
I have a fever.
熱があるのです。
네쯔가 아루노데스

🏥 **이건 한국 의사가 쓴 것입니다.**
This is from my doctor in Korea.
これは韓国の医者が書いたものです。
고레와 캉꼬꾸노 이샤가 가이따 모노데스

🏥 **여기가 아픕니다.**
I have a pain here.
ここが痛いのです。
고꼬가 이따이노데스

🛎 잠이 오지 않습니다.
I can't sleep.
眠れないのです。
<ruby>眠<rt>ねむ</rt></ruby>れないのです。
네무레나이노데스

🛎 구토를 합니다.
I feel nauseous.
吐き気がします。
하끼께가 시마스

🛎 변비가 있습니다.
I am constipated.
便秘をしています。
벰뻬오 시떼 이마스

🛎 기침이 납니다.
I have a cough.
せきが出ます。
세끼가 데마스

🛎 어제부터입니다.
Since yesterday.
昨日からなんです。
기노-까라난데스

🛎 다쳤습니다.
I've injured myself.
怪我をしました。
게가오 시마시다

🔊 **많이 좋아졌습니다.**
I feel much better now.
だいぶ良くなりました。
다이부 요꾸 나리마시다

🔊 **진단서를 써 주시겠어요?**
Would you give me a medical certificate?
診断書を書いてください。
신단쇼오 가이떼 구다사이

🔊 **예정대로 여행을 해도 괜찮겠습니까?**
Can I travel as scheduled?
予定どおりに旅行してもかまわないですか。
요떼- 도-리니 료꼬-시떼모 가마와나이데스까

🔊 **며칠 정도 안정이 필요합니까?**
How long do I have to stay in bed?
何日くらい安静が必要ですか。
난니찌 쿠라이 안세-가 히쯔요-데스까

🔊 **(약국에서) 이 처방전 약을 주세요.**
Fill this prescription, please.
この処方せんの薬をください。
고노 쇼호-센노 구스리오 구다사이

🔊 **이 약은 어떻게 먹습니까?**
How do I take this medicine?
この薬はどうやって飲むのですか。
고노 구스리와 도-얏떼 노무노데스까

MEMO

PART 10

귀국

귀국에 관한 정보

☀ 짐 정리

출발하기 전에 맡길 짐과 기내로 갖고 들어갈 짐을 나누어 꾸리고 토산품과 구입한 물건의 품명과 금액 등에 대한 목록을 만들어 두면 좋다.

☀ 예약 재확인

귀국한 날이 정해지면 미리 좌석을 예약해 두어야 한다. 또 예약을 해 두었을 경우에는 출발 예정 시간의 72시간 이전에 예약 재확인을 해야 한다. 이것은 항공사의 사무소나 공항 카운터에 가든지 아니면 전화로 이름, 연락 전화번호, 편명, 행선지를 말하면 된다. 재확인을 안 하면 예약이 취소되는 경우도 있으므로 주의해야 한다.

☀ 일본에서의 출국수속 절차

귀국 당일은 출발 2시간 전까지 공항에 미리 나가서 체크인을 마쳐야 한다. 출국절차는 매우 간단하다. 터미널 항공사 카운터에 가서 여권, 항공권, 출입국 카드(입국시 여권에 붙여 놓았던 것)를 제시하면 직원이 출국카드를 떼어 내고 비행기의 탑승권을 준다. 동시에 화물편으로 맡길 짐도 체크인하면 화물 인환증을 함께 주므로 잘 보관해야 한다. 항공권에 공항세가 포함되지 않았을 경우에는 출국 공항세를 지불해야 하는 곳도 있다. 그 뒤는 보안검사, 수화물 X선 검사를 받고 탑승권에 지정되어 있는 탑승구로 가면 된다. 면세품을 사려면 출발 로비의 면세점에서 탑승권을 제시하고 사면 된다.

☀ 귀국 시 면세허용

- 면세통로
  - 해외나 국내 면세점에서 구입하여 반입하는 물품 총액이 800달러 이하
  - 주류 2병(합산 2리터 이하, 400달러 이하), 담배 1보루(200개비) ; 단 19세 미만은 제외
  - 향수 60ml 이하

- 자진신고 검사대
  면세통과 해당 이외의 물품을 소지한 자
  통관불허 품목: 유해 의약품, 가공처리가 되지 않은 식품, 무기류 및 유사제품 등등

UNIT

예약 변경·재확인

귀국하는 날짜가 다가오면 비행기 예약을 합니다. 한국에서 떠날 때 예약해 둔 경우에는 미리 전화나 시내의 항공회사 영업소에서 반드시 예약 재확인 (reconfirm)을 해두어야 합니다. 공항에는 여유를 가지고 출발 2시간 전 에 도착하는 것이 좋습니다.

_____ 편으로 변경하고 싶은데요.

I'd like to change it to the _____ flight.

_____ の便に変更したいのですが。

노 빈니 헹꼬ー시따이노데스가

□	오전	morning	午前	고젱
□	오후	afternoon	午後	고고
□	내일	tomorrow	明日	아시따
□	10월 9일	October 9th	十月九日	쥬ー가쯔 고꼬노까

Q : 예약 재확인을 부탁합니다.
I would like to make a reconfirmation for my flight.
予約の再確認をお願いします。
요야꾸노 사이카꾸닝오 오네가이시마스

A : 항공권은 가지고 계십니까?
Do you have a ticket?
航空券はお持ちですか。
고ー꾸껭와 오모찌데스까

📧 여보세요. 일본항공입니까?
Hello. Is this Japan Airlines?
もしもし。日本航空ですか。
모시모시 니홍코-꾸-데스까

📧 인천행을 예약하고 싶은데요.
I'd like to reserve a seat for Incheon?
インチョン行きを予約したいのですが。
인천 유끼오 요야꾸시따이노데스가

📧 내일 비행기는 예약이 됩니까?
Can you book us on tomorrow's flight?
明日の便の予約はできますか。
아시따노 빈노 요야꾸와 데끼마스까

📧 다른 비행기는 없습니까?
Do you have any other flights?
別の便はありますか。
베쓰노 빙와 아리마스까

📧 편명과 출발 시간을 알려 주십시오.
What is the flight number and departure time?
便名と出発の時間を教えてください。
빔메-또 슙빠쯔노 지깡오 오시에떼 구다사이

📧 몇 시까지 탑승수속을 하면 됩니까?
By what time should we check in?
何時までに搭乗手続きをすればいいですか。
난지마데니 토-죠-테쓰즈끼오 스레바 이-데스까

예약 변경 · 재확인

귀

국

359

🗣 예약을 재확인하고 싶은데요.
I'd like to reconfirm my flight.

リコンファームをしたいのですが。
리콩화ー무오 시따이노데스가

🗣 성함과 편명을 말씀하십시오.
Your name and flight number, please.

お名前と便名をどうぞ。
오나마에또 빔메ー오 도ー조

🗣 무슨 편 몇 시발입니까?
What's the flight number and the departure time?

何便で何時発ですか。
나니빈데 난지하쯔데스까

🗣 저는 분명히 예약했습니다.
I definitely made a reservation.

私は確かに予約しました。
와따시와 타시까니 요야꾸시마시다

🗣 한국에서 예약했는데요.
I reserved my flight in Korea.

韓国で予約したのですが。
캉꼬꾸데 요야꾸시따노데스가

🗣 즉시 확인해 주십시오.
Please check on it right away.

至急、調べてください。
시뀨ー, 시라베떼 구다사이

📑 비행편을 변경할 수 있습니까?
Can I change my flight?
便の変更をお願いできますか。
빈노 헹꼬―오 오네가이 데끼마스까

📑 어떻게 변경하고 싶습니까?
How do you want to change your flight?
どのようにご変更なさいますか。
도노 요―니 고헹꼬― 나사이마스까

📑 10월 9일로 변경하고 싶습니다.
I'd like to change it to October 9th(ninth).
10月9日に変更したいのです。
쥬―가쯔 고꼬노까니 헹꼬―시따이노데스

📑 예약을 취소하고 싶은데요.
I'd like to cancel my reservation.
予約を取り消したいのですが。
요야꾸오 도리께시따이노데스가

📑 다른 항공사 비행기를 확인해 주세요.
Please check other airlines.
他の会社の便を調べてください。
호까노 카이샤노 빙오 시라베떼 구다사이

📑 해약 대기로 부탁할 수 있습니까?
Can you put me on the waiting list?
キャンセル待ちでお願いできますか。
캰세루마찌데 오네가이 데끼마스까

UNIT

02

탑승과 출국

공항에서는 2시간 전에 체크인하는 것이 바람직합니다. 만일에 문제가 발생했더라도 여유를 가지고 대처할 수 있습니다. 또한 짐이 늘어난 경우에는 초과요금을 지불해야 합니다. 가능하면 초과되지 않는 범위 내에서 짐을 기내로 가지고 가도록 하며, 시간적 여유가 있을 때 사지 못한 선물이 있다면 면세점에서 구입하면 됩니다.

(공항에서) _____ 어디입니까?

Where is the _____ ?

_____ どこですか。

도꼬데스까

□ 대한항공 카운터	Korean Airline counter	大韓航空カウンター	다이깡코-꾸-카운따-
□ 아시아나항공 카운터	Asiana Airline counter	アシアナ航空カウンター	아시아나코-꾸-카운따-
□ 출발로비	departure lobby	出―ロビー	슙빠쯔로비-
□ 탑승구	boarding gate	搭乗ゲート	토-죠-게-또

Q : 탑승권을 보여 주십시오.

May I have your ticket?

搭乗券を拝見します。

토-죠-껭오 하이껜시마스

A : 네, 여기 있습니다.

Yes, here it is.

はい、どうぞ。

하이、 도-조

📋 탑승수속은 어디서 합니까?
Where do I check in?
とうじょうて つづ
搭乗手続きはどこでするのですか。
토-죠-테쓰즈끼와 도꼬데 스루노데스까

📋 일본항공 카운터는 어디입니까?
Where's the Japan Airlines counter?
に ほんこうくう
日本航空のカウンターはどこですか。
니홍코-꾸-노 카운따-와 도꼬데스까

📋 공항세는 있습니까?
Is there an airport tax?
くうこうぜい
空港税はありますか。
쿠-꼬-제-와 아리마스까

📋 앞쪽 자리가 좋겠는데요.
I'd prefer a seat at the front of the plane.
ぜんぽう せき
前方の席がいいですが。
젬뽀-노 세끼가 이-데스가

📋 통로쪽(창쪽)으로 부탁합니다.
An aisle(A window) seat, please.
つう ろ がわ まどがわ せき ねが
通路側(窓側)の席をお願いします。
쓰-로가와(마도가와)노 세끼오 오네가이시마스

📋 친구와 같은 좌석으로 주세요.
I'd like to sit with my friend.
ゆうじん とな あ せき
友人と隣り合わせの席にしてください。
유-진또 도나리아와세노 세끼니 시떼 구다사이

🛄 맡기실 짐은 있으십니까?
Any baggage to check?
お預けになる荷物はありますか。
오아즈께니나루 니모쯔와 아리마스까

🛄 맡길 짐은 없습니다.
I have no baggage to check.
預ける荷物はありません。
아즈께루 니모쯔와 아리마셍

🛄 그 가방은 맡기시겠습니까?
Are you going to check that bag?
そのバッグはお預けになりますか。
소노 박구와 오아즈께니 나리마스까

🛄 이 가방은 기내로 가지고 들어갑니다.
This is a carry-on bag.
このバッグは機内に持ち込みます。
고노 박구와 기나이니 모찌꼬미마스

🛄 다른 맡기실 짐은 없습니까?
Do you have any other baggage to check?
お預かりする荷物は他にございますか。
오아즈까리스루 니모쯔와 호까니 고자이마스까

🛄 (짐은) 그것뿐입니다.
That's all the baggage I have.
それだけです。
소레다께데스

탑승 안내

🔊 (탑승권을 보이며) 게이트는 몇 번입니까?
What gate is it?
ゲートは何番ですか。
게-또와 남반데스까

🔊 3번 게이트는 어느 쪽입니까?
Which way is Gate 3(three)?
3番ゲートはどちらでしょうか。
삼반게-또와 도찌라데쇼-까

🔊 인천행 탑승 게이트는 여기입니까?
Is this the gate for Incheon?
インチョン行きの搭乗ゲートはここですか。
인천유끼노 토-죠-게-또와 고꼬데스까

🔊 왜 출발이 늦는 겁니까?
Why is the flight delayed?
なぜ出発が遅れているのですか。
나제 슙빠쯔가 오꾸레떼 이루노데스까

🔊 탑승은 시작되었습니까?
Has boarding started yet?
搭乗はもう始まりましたか。
토-죠-와 모- 하지마리마시다까

🔊 방금 인천행 비행기를 놓쳤는데요.
We just missed the flight to Incheon.
たった今、インチョン行きの便に乗り遅れたのですが。
닷따이마, 인천 유끼노 빈니 노리오꾸레따노데스가

일상생활 일본어 회화 급상승

이원준 엮음 | 148*210mm | 332쪽 | 15,000원(mp3 파일 무료 제공)

내맘대로 일본어 독학 단어장

FL4U컨텐츠 저 | 148*210mm | 308쪽 | 15,000원(mp3 파일 무료 제공)

여행자 필수메모

성 명 Name	
생년월일 Date of Birth	
국 적 Nationality	
호 텔 Hotel	
여권번호 Passport No.	
비자번호 Visa No.	
항공기편명 Flight Name	
항공권번호 Air Ticket No.	
신용카드번호 Credit Card No.	
여행자수표번호 Traveler's Check No.	
출발지 Departed from	
목적지 Destination	